Peter Lindenthal

Nach Santiago – wohin sonst!

Peter Lindenthal

Nach Santiago – wohin sonst!

Meine Pilgerfahrt auf dem Jakobsweg. Die „Via Tolosana“

Tyrolia-Verlag · Innsbruck-Wien

Diesen Bericht widme ich allen,
die unterwegs sind
... und nicht dem Irrtum verfallen,
schon angekommen zu sein

Mitglied der Verlagsgruppe „engagement“

Die Deutsche Bibliothek – CIP-Einheitsaufnahme
Ein Titelsatz für diese Publikation ist bei
Der Deutschen Bibliothek erhältlich

2. Auflage 2002

Umschlaggestaltung: Elke Staller, Innsbruck,
unter Verwendung von zwei Fotos von Peter Lindenthal
Layout: Stefan Glatzl, Innsbruck
Illustrationen: Peter Lindenthal
Karten: TEAM ZWO Conzatti Herbert, Innsbruck
Lithos: Laserpoint, Innsbruck
Druck: Alcione, Trento
ISBN 3-7022-2344-4

Inhalt

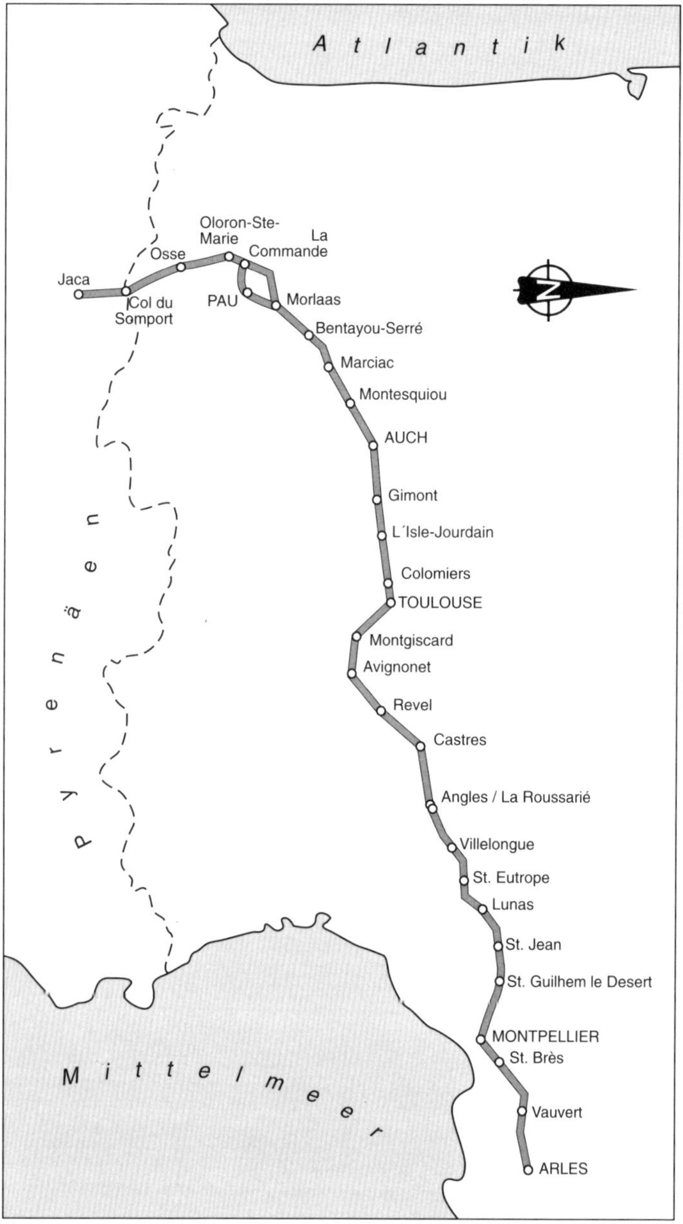
Atlantik
Oloron-Ste-Marie
La Commande
Osse
Jaca
Col du Somport
PAU
Morlaas
Bentayou-Serré
Marciac
Montesquiou
AUCH
Gimont
L´Isle-Jourdain
Colomiers
TOULOUSE
Montgiscard
Avignonet
Revel
Castres
Angles / La Roussarié
Villelongue
St. Eutrope
Lunas
St. Jean
St. Guilhem le Desert
MONTPELLIER
St. Brès
Vauvert
ARLES
Pyrenäen
Mittelmeer
N

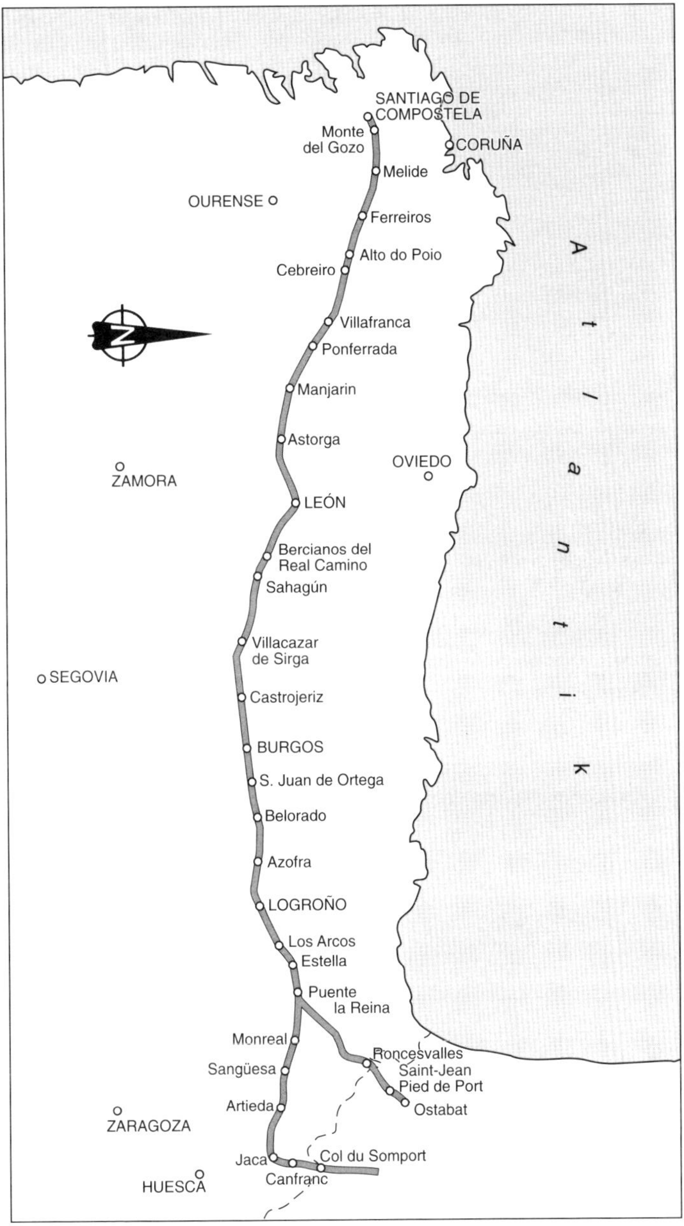
SANTIAGO DE COMPOSTELA
Monte del Gozo
CORUÑA
Melide
OURENSE
Ferreiros
Alto do Poio
Cebreiro
Villafranca
Ponferrada
Manjarin
Astorga
OVIEDO
ZAMORA
LEÓN
Bercianos del Real Camino
Sahagún
Villacazar de Sirga
SEGOVIA
Castrojeriz
BURGOS
S. Juan de Ortega
Belorado
Azofra
LOGROÑO
Los Arcos
Estella
Puente la Reina
Monreal
Roncesvalles
Saint-Jean Pied de Port
Sangüesa
Ostabat
Artieda
ZARAGOZA
Jaca
Col du Somport
Canfranc
HUESCA
Atlantik

Nur drei Dinge nahm er auf seine Pilgerreise:
die Augen, geöffnet für die Weite,
die Ohren, gespitzt,
und den leichten Schritt

Pablo Neruda

El Camino
Den Pilger in uns entdecken

Es gibt kaum einen Weg, der so mit Büchern, Führern, Bildbänden, historischen und kunsthistorischen Studien gepflastert ist wie der „Camino de Santiago". Seine religiöse, spirituelle, geschichtliche Bedeutung für die Entwicklung Europas ist schon in vielen Werken untersucht und gewürdigt worden. Was kann ich also Neues zum bisher Geschriebenen und Gesagten hinzufügen, das es rechtfertigt, ein weiteres Buch auf den schon so hohen Stapel zu legen? Neue Erkenntnisse auf dem Gebiet der Jakobswegforschung habe ich keine zu bieten, dazu gibt es andere, Berufenere, Kompetentere. Was ich in den zwei Monaten meiner Pilgerreise gesehen und erlebt habe, widerfuhr und widerfährt in ähnlicher Weise vielen anderen Pilgern auch, besonders denjenigen, die alleine unterwegs sind und mindestens von den Pyrenäen nach Santiago aufbrechen – zu Fuß.

Einzigartig ist nur die Erfahrung der Pilgerreise selbst, sie ist nicht wiederholbar, nicht einmal durch mich selbst. Genauso wie das Leben jedes Menschen einzigartig und unwiederholbar ist. An dieser Einzigartigkeit möchte ich andere teilhaben lassen und sie ermutigen und motivieren, sich ebenfalls auf den Weg zu machen, auch im übertragenen Sinn. Und *ihre* einzigartigen Erfahrungen auf diesem europäischen Weg zu machen, der uns auf uns selbst zurückwirft und – soviel mir bekannt ist – keinen unverändert nach Hause kommen läßt.

Ich möchte, weil ich es selbst erlebt habe, anderen mitteilen, daß man auch in unserer Zeit in seinem eigenen Kulturkreis tiefe und prägende Erfahrungen machen kann, ohne Drogen zu nehmen, ohne sich einem Guru auszuliefern, ohne Weltumsegler oder Extremsportler zu sein. Manche finden Gott, andere sich selbst oder eine neue Orientierung in ihrem Leben oder Antworten auf wichtige Fragen. Ohne tibetanische, aztekische, indische, afrikanische oder sonstige Gurus, ohne den Ozean zu durchschwimmen, ohne zu Fuß die Antarktis zu durchqueren, ohne mit dem Mountainbike durch die Sahara zu fahren, ohne Reinhold Messner zu sein. Daß auch ganz „normale“ Menschen – denn für einen solchen halte ich mich – tolle Abenteuer erleben und Grenzerfahrungen machen können, ohne gleich Bungee Jumping, Canyoning oder Sky Surfing zu betreiben, ohne sich in immer kürzeren Abständen immer größere (und teurere) Adrenalinstöße zu versetzen, um das so langweilige Leben „spannender“ zu machen.

Gerade heute, in einer Zeit zunehmender materieller Übersättigung (in den Industrieländern, wohlgemerkt), zugleich zunehmender Ratlosigkeit in bezug auf immer brennendere soziale Fragen, zunehmender spiritueller und emotionaler Verarmung und Vereinsamung – worauf die einen mit noch mehr Lärm und „Action“, die anderen mit noch mehr innerem Rückzug oder Flucht in Sekten und dubiose politische Bewegungen reagieren –, ist für mich das Gehen auf diesem uralten Pilgerweg – viele bezeichnen ihn auch als „Weg der Kraft“ – nicht nur eine Konfrontation mit mir selbst und eine Möglichkeit, mich zu besinnen und Kraft zu schöpfen. Das schaffe ich auch in einem guten Urlaub. Der Weg lehrt uns aber auch wichtige Dinge für die Zukunft, welche wir neu entdecken und wiederbeleben sollten, falls wir eine Zukunft haben wollen:

Neu zu definieren, was für uns wesentlich und was unwesentlich ist; die Langsamkeit und die Intensität wiederzuentdecken; die Füße auf dem Boden zu behalten und ein Ziel zu haben, im Gegensatz zum weitverbreiteten Motto: „Ich weiß zwar nicht, wo ich hinfahr', aber dafür bin ich umso schneller dort ...“; Begegnung statt Eroberung, Austausch statt Konsum und Solidarität statt Konkurrenz zu leben.

Alles Dinge, die man auch in anderen Zusammenhängen lernen und erproben kann, das stimmt. Im Verlauf meiner zweimonatigen Pilgerreise war ich mit ihnen aber in einer Intensität konfrontiert, wie ich sie im Alltag kaum hätte finden können. Der Pilgerweg sozusagen als „Zukunftswerkstatt".

Ich wünsche mir, daß möglichst viele nach der Lektüre dieses Buches Lust bekommen, sich selbst auf den „Camino" zu machen. Den Rest besorgt der Weg selbst ...

Lassen Sie mich zum Schluß noch einen für mich sehr wichtigen Grund anführen, warum ich dieses Buch schreibe: Angesichts des rapide steigenden Interesses am Jakobsweg möchte ich versuchen, ein kleines Gegengewicht zu anderen Publikationen über den Jakobsweg zu schaffen, die die Pilgerreise als mystischen Weg der privaten, individuellen Glücksfindung darstellen. Eine Deutung, die zwar ganz dem Zeitgeist entspricht und sich auch entsprechend gut verkauft – Kommerz und Esoterik führen eine äußerst harmonische Ehe! –, die meiner Ansicht nach aber nicht nur falsch, sondern auch gefährlich ist. Gefährlich, weil sie erstens falsche und unerfüllbare Erwartungen in die Pilgerreise weckt und zweitens durch das Leugnen (oder Verschweigen) der sozialen Dimension des Menschen und damit auch des Pilgerns einen gesellschaftlichen Trend unterstützt, den ich für zerstörerisch halte.

Mein Dank geht an meine Eltern Ilse und Ferdinand, die mich gelehrt haben, das Leben aufrecht gehend zu bewältigen, und an alle Menschen auf meinem Pilgerweg, die mir ihre Gastfreundschaft und Hilfe geschenkt haben. Insbesondere Peggy und Miguel in Spanien, Francine und Jean, Elisabeth und Thierry in Frankreich und Heidi und Herwig in Österreich

1. Kapitel

Traumstart

Die Begegnung

Eigentlich hat mein Jakobsweg schon im Oktober 1992 begonnen. Ich befand mich auf dem Weg zu Freunden in Spanien und überquerte die Pyrenäen über den Cisa-Paß. Wenige Kilometer danach kam ich nach *Roncesvalles* (Roncevaux im Französischen), jenen Ort, der durch die Rolandssage berühmt geworden ist. Dort soll Roland, der treue Vasall Kaiser Karls des Großen, mit der Nachhut, die den Rückzug des kaiserlichen Heeres decken sollte, in einen Hinterhalt der Sarazenen geraten und mit allen Soldaten (man spricht von 40.000!) gefallen sein. Heute neigt man eher zur Ansicht, daß es die Basken waren, die sich für die Zerstörung Pamplonas rächen wollten.

Natürlich besichtigte ich das Rolandsdenkmal, aber viel mehr fesselte mich ein uralter Kilometerstein am Straßenrand, der besagte: „Santiago de Compostela, 728 km". Von irgendwoher, aus der Schule, aus dem Religionsunterricht, ich kann es nicht mit Bestimmtheit sagen, hatte ich eine entfernte Ahnung, was es mit Santiago de Compostela auf sich hatte. Bisher assoziierte ich diese berühmte Pilgerstätte jedoch ausschließlich mit dem Mittelalter. Etwas aus einer längst vergangenen Zeit. Aber als ich auf dem Weg nach *Pamplona* diese Kilometersteine immer wieder sah und einmal sogar zwei Pilger überholte, die am Straßenrand, mit Rucksack, Stock und Hut, unterwegs waren, wurde mir bewußt, daß der Jakobsweg heute noch begangen wird, lebt, eine Bedeutung hat. Von dem Moment an war es um mich geschehen.

Nachdem ich schon seit Jahren geplant hatte, einmal mindestens zwei Monate lang nur zu gehen, das Gehen sozusagen als Lebensform zu praktizieren – ich hatte dabei an einen der großen europäischen Fernwanderwege gedacht – war es nur ein winziger Schritt zur Entscheidung, dieses Projekt als Pilger auf dem Jakobsweg zu realisieren. Niemand hatte mir vorher vom Jakobsweg erzählt, es war kein langgehegter Traum von mir, ihn einmal zu begehen. Wir „begegneten" uns einfach in *Roncesvalles,* das genügte. Die Tatsache, daß die „Via Tolosana", der südlichste der vier französischen Wege, der in *Arles* in der *Camargue* seinen Anfang nimmt und über *Montpellier, Castres, Toulouse* – daher der Name –, *Auch* und *Pau* über den *Col du Somport* nach *Aragon* führt, ausgerechnet auch durch *St. Jean de la Blaquière* im *Languedoc* verläuft, jenen kleinen Ort, in dem ein Teil meines Herzens seit über 20 Jahren fest verankert ist, konnte mich gar nicht mehr überraschen. Irgendwie paßte alles zusammen. Also beschloß ich, als krönenden Abschluß meines Sabbatjahres, das ich ab März 1994 eben in *St. Jean* zu verbringen gedachte, die 1600 Kilometer, die *Arles* von *Santiago* trennen, zu Fuß zurückzulegen.

Mittwoch, 22. Feber
Letzte Vorbereitungen

Vor mir auf dem Boden der Küche liegt alles, was ich für die Pilgerreise brauchen werde. Jedenfalls glaube ich das. Und das alles soll im Rucksack und in Ajiz' (gesprochen Achiss) Satteltaschen Platz haben? Ajiz ist mein Hund, ein Karelischer Bärenhund. Er wird mich begleiten und freut sich schon riesig auf die zwei Monate Gehen, Gehen und nochmals Gehen.

Weil ich sowohl mit Kälte – es ist schließlich noch Winter, ich werde mehrmals auf über 1000 Meter Seehöhe und in den Pyrenäen sogar auf über 1600 Meter gelangen – als auch mit Hitze rechnen muß – im April kann es auf der Meseta von Kastilien schon ganz schön heiß werden –, ist einiges an Gepäck zusammengekommen: Pullover, wasserabweisende Jacke, Schlafsack, Biwaksack, Biwakzelt – vor allem in Frankreich werde ich es sicher öfter brauchen –, Gaskocher, Kochgeschirr, Feldflaschen, Taschenmesser, Alumatte, Wasch- und Nähzeug, Handtuch, Erste-Hilfe-Mindestausstattung, Taschenlampe, Proviant (auch für den Hund), Socken, Unterwäsche, Hemden und T-Shirts zum Wechseln, kurze und lange Hose, Hut und Stock, Karten, Wanderführer, Buch, Geld, Papiere ...

Ich sortiere aus, packe, packe aus, sortiere neu, diesmal strenger, packe neu etc. Eine unangenehme, aber sehr wichtige Arbeit, jedes Gramm zuviel zählt und macht sich irgendwann unangenehm bemerkbar. Was brauch' ich wirklich? Was kann ich entbehren? Was bin ich nur gewohnt, ist aber nicht wirklich unentbehrlich? Eigentlich eine gute Vorbereitung auf die Pilgerfahrt und eines ihrer „Lernziele“: das Wesentliche vom Unwesentlichen unterscheiden, Ballast abwerfen, um Platz und Kraft zu gewinnen für das wirklich Wichtige. Eigentlich dasselbe wie in meinem Sabbatjahr, nur noch komprimierter. Sozusagen die „Gesellenprüfung“ zum Abschluß dieses Jahres. Die Meisterprüfung kommt später – das Leben als solches.

Am Abend stelle ich mein Auto bei Jean Paul und Flaminia ab, die mich nach *Montpellier* zu Jean und Francine bringen. Von dort geht es weiter nach *Vauvert* in der *Camargue,* Jean und ich werden dort bei seiner Schwiegermutter übernachten. Sie wird uns beide, besser uns drei, morgen früh nach *Arles* bringen.

Und schon kann ich den ersten Lernerfolg verbuchen: Der Freßnapf von Ajiz bleibt in Montpellier, er kann genausogut aus der Alu-Schüssel fressen, die ich sowieso mithabe. Und ich spare Platz und Gewicht ...

Donnerstag, 23. Feber — *Arles – Vauvert*
Aufbruch

Jean wird mich auf der ersten Etappe begleiten und so eine mittelalterliche Tradition fortführen: Die Pilger wurden in den ersten Tagen meistens von Freunden und Familienangehörigen begleitet, denn man wußte damals ja wirklich nicht, ob man sich jemals wiedersehen würde. Diesbezüglich bin ich optimistisch, aber es ist doch schön, gemeinsam mit einem guten Freund zu so einem Abenteuer aufzubrechen.

Das Frühstück in Vauvert ist französisch-frugal (vermutlich reservieren die Franzosen schon am Morgen Platz in ihrem Magen für das, was zu Mittag und am Abend auf sie wartet ...).

Dann bringt uns Michou, Jeans Schwiegermutter, nach *Arles*. Es ist ein wunderschöner, klarer und kühler provençalischer Spätwintermorgen. Eigentlich ist es fast schon Frühling. In Arles, die Stadt erwacht gerade, trinken wir mit Michou noch einen Kaffee und besuchen die romanische Kirche St. Trophime, die erste Perle einer langen Kette, die mit der Kathedrale von Santiago de Compostela enden soll.

Dann wird es ernst! Wir lassen die Stadt schnell hinter uns, und bald umgibt uns nur mehr die endlos scheinende Weite der Camargue. Wir bekommen auch tatsächlich die berühmten weißen Pferde und schwarzen Stiere zu sehen, Ajiz hat mehr Freude an den Möwen und Flamingos, die man so herrlich erschrecken kann.

Zu zweit zu gehen ist fein, die kleine Landstraße gehört praktisch uns alleine, und wir können ungestört stundenlang philosophieren. Jean ist Südfranzose, wir haben vor Jahren gemeinsam in Montpellier studiert, und unsere Freundschaft hat sich über die Jahre hinweg erhalten. Er ist weder religiös noch ein überzeugter Wanderer, aber er ist ganz begeistert von dieser Art des Gehens, weil es so nicht-zielorientiert ist. 1600 Kilometer zu Fuß ist so unvorstellbar weit, daß man es sich beim täglichen Gehen unmöglich als Ziel vornehmen kann. Man geht einfach, Schritt für Schritt, macht sich über das Ziel keine besonderen Gedanken, und trotzdem – oder deshalb? – kommt man an. Hoffe ich jedenfalls. Ich erzähle Jean von den Pilgerherbergen in Spanien, die interessanterweise oft von Leuten aus anderen Ländern Europas betreut werden. So wurde mir jedenfalls berichtet. Ich habe da so meine Theorie dazu: Wer auf dem Jakobsweg geht, ist meistens eine Art Suchender. Das sind andere auch, aber *gehend* zu suchen, auf einem Weg, der Jahr für Jahr Tausenden zum Symbol ihrer Suche wird, und das seit über 1000 Jahren, das ist schon etwas Besonderes. Und welche Menschen suchen heute, am Ende des 20. Jahrhunderts? Doch meistens Leute, die unserer Zivilisation, so wie sie sich entwickelt hat, nicht mehr viel abgewinnen können oder wollen.

Es gibt sicher auch religiös motivierte Pilger, aber das sind vielleicht gar nicht mehr so viele.

Auf diesem ihrem Pilgerweg erleben die Suchenden etwas, das ihnen gefällt, vielleicht finden sie sogar etwas. Ich stelle mir den Weg als einen „Korridor“ mit einer ganz eigenen Kultur vor. Auch als einen Korridor, über den Kultur transportiert und ausgetauscht wird, Ideen, Ideale, Projekte und Erfahrungen – auch das schon seit über 1000 Jahren. Warum gibt es wieder immer mehr Leute, die den Jakobsweg „machen“? Warum sagen so viele meiner Freunde neidvoll, sie würden mich so gerne begleiten, wenn nicht ... (die Gründe sind vielfältig und bekannt)? Es kann sein, daß ich mich da jetzt in etwas hineinsteigere, aber tant pis, in zwei Monaten werde ich es besser wissen. Ich habe nun einmal das Gefühl, daß ein besonderer Geist über diesem Weg liegt, ein Geist, der Produkt und Ausdruck all dieser Suchenden ist, der durch andere Wertigkeiten definiert wird und der im kleinen widerspiegelt, wie das Große – die Welt – sein könnte bzw. sollte. Der Jakobsweg als Korridor des Friedens ...

Ich kann mir gut vorstellen, daß manche Jakobspilger sich in diesem Korridor so wohlfühlen, daß sie beschließen, ihn nicht mehr zu verlassen.

Der Tag ist jedenfalls traumhaft. In der Provence beginnt der Frühling schon im Feber, die Camargue zeigt sich von ihrer schönsten Seite. Die Basilika von *St. Gilles* ist beeindrukkend, wir legen auf den Stufen, die zum romanischen Tympanon hinaufführen, eine Rast ein. Ich beschließe, später mit dem Auto wiederzukommen, um *Arles* und *St. Gilles* noch genauer kennenzulernen.

Für die Mittagsrast finden wir einen schönen Platz im Gras, im Schatten eines Baumes, und es wird kräftig gejausnet. Brot, Käse, Wurst, Rotwein, Obst. Jean überrascht mich mit einem Digestif aus seinem Flachmann, einem Whisky. Ist das unpilgerlich? Nach kurzer Diskussion beschließen wir einmütig, daß man das nicht so eng sehen darf.

Ab St. Gilles werden die Blasen an Jeans Füßen immer größer, bis er vor Schmerzen nicht mehr weiterkann. Seine Füße sind nicht trainiert, aber vor allem hat er Schuhe, die für lange Strecken denkbar ungeeignet sind. Seine Füße sind eigentlich nur mehr eine einzige riesige Blase. Etwa zwei Stunden vor *Vauvert* - er hat sich die letzten Kilometer nur mehr dahingeschleppt - gibt er endgültig auf. Er läßt sich von Michou mit dem Auto abholen, ich gehe allein - mit Ajiz natürlich - weiter. Nach Einbruch der Dunkelheit komme auch ich, müde, aber zufrieden, in *Vauvert* an. Heute waren es 35 Kilometer, gar nicht so übel für den ersten Tag!

Jean ist wieder guter Dinge, er hat gebadet und seine Füße verarztet. Ein köstliches Abendessen und ein ebenso köstlicher Wein (Côtes du Rhone) runden den Tag ab.

Freitag, 24. Feber *Vauvert - St. Brès*
Indiana Jones in Ambrussum

Ab heute sind Ajiz und ich alleine, daran werden wir uns gewöhnen müssen. Ziel der heutigen Etappe ist *St. Brès,* 30 Kilometer von *Vauvert,* etwa sieben Stunden Marsch, und das teilweise auf der alten „Via Domitiana“, der Hauptverbindung von Rom in die spanische Provinz. Man sieht die Straße nicht immer, aber dann kommen wieder plötzlich Stücke der Pflasterung und die von den Ochsenkarren ausgefahrenen Rillen zum Vorschein. Es ist unglaublich! Diese Straße ist über 2000 Jahre alt und wird immer noch von Menschen benutzt!

In *Ambrussum,* einer römischen Niederlassung auf der „Via Domitiana“, habe ich eine nette Begegnung mit Buben aus der Gegend, die einen Radausflug zur alten Römerbrücke gemacht haben. Sie sehen mich ankommen, zu Fuß, mit Rucksack, Hut und Stock - und einem Hund, der Satteltaschen trägt, umringen mich sofort und löchern mich mit Fragen: Wo komme ich her? Wo gehe ich hin? Warum bin ich zu Fuß unterwegs? Wo schlafe ich? Was esse ich? Alles in allem stellen sie sehr vernünftige Fragen, das Gespräch mit ihnen macht mir großen Spaß. Einer vergleicht mich mit dem berühmten „Indiana

Jones", und ich fühle mich sehr geschmeichelt. Als zum Schluß ein anderer sagt, wenn er einmal groß sei, würde er auch so eine Reise machen wie ich, platze ich fast vor Stolz! Anscheinend erfülle ich mit dieser Pilgerfahrt nicht nur meinen Traum!

Der Weg führt ein gutes Stück an der Autobahn entlang, die auch den Namen der alten Römerstraße trägt und deren Ziel ebenfalls Spanien ist. Doch was für ein Kontrast! Was die Autos mir an Geschwindigkeit voraushaben, wiege ich an Tiefe, Intensität und durch Begegnungen mehr als auf.

Die Nacht verbringe ich bei Marie-Christine und Jean, die ich ebenfalls aus meiner Studienzeit in *Montpellier* kenne. Sie wohnen in *St. Brès,* einem kleinen Dorf, 18 Kilometer vor *Montpellier.* Wieder werde ich herzlich aufgenommen, köstlich bewirtet, und ein frischüberzogenes Bett wartet auf mich. Ich bin praktisch immer noch bei mir „zuhause".

Die Füße sind zwar müde, aber es geht mir ausgezeichnet. Ganz besonders freut mich, daß mir der Rücken überhaupt keine Probleme bereitet. Vor fünf Jahren hatte ich einen Bandscheibenvorfall, bis heute habe ich eine Operation vermeiden können. Vor dem Start habe ich mir schon ein bißchen Sorgen gemacht, der Rucksack wiegt immerhin – noch – 17 Kilogramm. Wie ich aber später erfahre, gehört das Gehen zu den besten Therapien für Bandscheibengeschädigte überhaupt! Als hätte ich es geahnt ...

Ajiz ist ein braver, tapferer Hund, ein toller Kamerad.

Samstag, 25. Feber *St. Brès – Montpellier*
Montpellier, la Surdouée

Von *St. Brès* nach *Montpellier* sind es vier Stunden Marsch, teils noch auf der alten Römerstraße, vor allem aber durch einige in den letzten Jahren rasch gewachsene Vororte – „villages dortoires" (Schlafdörfer) – von *Montpellier.* Für uns bedeutet das viel Asphalt und wenig Landschaft, also trotz der Kürze eine eher ermüdende Etappe. Aber auch das gehört in die Pilgersuppe. Eigentlich fällt es mir nicht besonders schwer, dies zu akzeptieren.

Zu Mittag bin ich schon in der Stadt mit einer der ältesten medizinischen Fakultäten Europas (Rabelais!), gegründet im 13. Jahrhundert am alten „Cami Romieu", dem Pilgerweg nach Santiago. Auch ich habe hier studiert, ein Jahr lang, meine Wurzeln sind lebendig und kräftig.

Jean und Francine empfangen mich mit offenen Armen und verwöhnen mich nach Strich und Faden. Dies ist schon meine dritte ganz private Pilgerherberge auf der Reise! Die Blasen an Jeans Füßen sind natürlich noch nicht verheilt, wahrscheinlich geht er am Montag sogar in den Krankenstand, aber er spricht immer noch voller Begeisterung vom ersten Tag, *seinem* Pilgertag. Er und seine Frau Francine sind „meine Familie" in Montpellier. Wann immer ich kann, besuche ich sie und teile ein Stück ihres Lebens mit ihnen.

In Montpellier setze ich die ersten Erfahrungen aus drei Tagen Pilgerdasein um: Die dicke Schwarte von Drewermann (1 kg) bleibt da, ich werde ohne sie auskommen müssen, sie ist zu schwer und nimmt zuviel Platz weg. Gelesen habe ich bisher keine Zeile. Wahrscheinlich werde ich auch in Hinkunft, nach einem langen und anstrengenden Tag, kaum Zeit oder Lust zum Schmökern haben. Das Führen meines Tagebuches wird mir als intellektuelle Anstrengung genügen müssen.

Sonntag, 26. Feber *Montpellier – St. Guilhem*
Die Magie eines Ortes

Jean und Francine bringen mich mit einer Stunde Verspätung – aber was ist das schon, gemessen an den zwei Monaten, die vor mir liegen? – nach Grabels, einem „Schlafdorf" westlich von *Montpellier.* Das erspart mir zwei Stunden mühevollen Gehens auf einer der großen Ausfallstraßen der Stadt – auch meine Pilgerauthentizität hat Grenzen! Und mit der Tatsache, daß ich ab nun nicht mehr beanspruchen kann, den gesamten Pilgerweg zu Fuß zurückgelegt zu haben, werde ich leben können.

Schon am späten Nachmittag komme ich in *St. Guilhem,* meinem Tagesziel, an. Es ist der erste „magische" Ort auf dem Jakobsweg. Guilhem, Herzog von Aquitanien, Graf von Toulouse und Cousin von Karl dem Großen, der sich als Feldherr im Kampf gegen die Sarazenen und Befreier von Barcelona einen glänzenden Namen erworben hatte, entsagte allem weltlichen Ruhm, wurde Benediktinermönch und gründete im Jahre 806 in diesem abgelegenen, wüstenartigen Tal ein Kloster. Dabei wurde er vom ersten großen Reformator der Ordensregel der Benediktiner, dem Abt Benedikt von Aniane, der als Westgotenprinz Witiza geheißen hatte, tatkräftig unterstützt. *Aniane* befindet sich nur wenige Kilometer von *St. Guilhem* entfernt an der Stelle, wo der Herault-Fluß aus den Cevennen in die fruchtbare Küstenebene eintritt. Rund um die romanische Abtei von St. Guilhem, die mich ob ihrer kargen und schlichten Schönheit seit über 20 Jahren immer wieder wie ein Magnet anzieht, gruppieren sich in engen und steilen gepflasterten Gäßchen die für diese Gegend so typischen Steinhäuser. Jetzt, als Pilger, fällt mir zum ersten Mal auf, daß einige Häuser und Brunnen mit dem Symbol der Jakobspilger, der Jakobsmuschel, verziert sind. Kein Wunder, ist doch St. Guilhem seit einem Jahrtausend eine wichtige Etappe für alle Pilger auf ihrem Weg nach Santiago. Noch dazu, wo in der Kirche außer den Reliquien des Heiligen auch ein Splitter vom Kreuz Christi verehrt wird, den Karl der Große seinem Cousin als Abschiedsgeschenk überreicht hatte. Pilger trachteten danach immer, unterwegs möglichst viele Kirchen und Kapellen mit Reliquien von Heiligen zu besuchen. Und wie ich, am Ende dieses doch anstrengenden Tages, müden Schrittes das mittelalterliche Dorf durchquere, um schließlich die letzte Steigung hinauf zur Abtei hinter mich zu bringen, wie der Hall meiner Schritte und der meines Pilgerstabes auf den Pflastersteinen von den engstehenden Häusern zurückgeworfen wird, fühle ich mich eins mit den Abertausenden, die vor mir den gleichen Weg gegangen sind.

Ich komme noch rechtzeitig, bevor die Abtei für die Nacht verschlossen wird, und nütze die Zeit für ein paar Minuten der Einkehr. Romanische Kirchen sind dafür besonders geeignet. Kein Gold, kein Pomp, kein Rokokoengel lenken ab.

Heute gebe ich mein erstes Geld seit Beginn der Reise aus, es sind 50 Francs für die Übernachtung in der Selbstversorgerherberge des französischen Alpenvereins, die äußerst sauber und komfortabel ist und die ich – zu einer so frühen Jahreszeit – ganz für mich alleine habe.

Montag, 27. Feber *St. Guilhem – St. Jean*
Ankunft „daheim"!

Ein traumhaft schöner Morgen! Nach dem Frühstück noch ein paar Photos, um die wunderbare Morgenstimmung von *St. Guilhem* einzufangen, dann mache ich mich auf den Weg nach „zuhause". Es ist der bisher schönste Tag. Auf der karstigen Hochfläche, dem Ausläufer der Cevennen, die sich gleich hinter dem Dorf erhebt, weht zwar wieder der eiskalte und bissige Nordwind, der Tramontane, der mich schon gestern begleitet hatte, aber er vertreibt den Regen, und das ist mir sehr recht. Am höchsten Punkt des Plateaus angelangt, traue ich meinen Augen nicht, sehe ich doch tatsächlich, etwa 200 Kilometer entfernt, die schneebedeckten Gipfel der Pyrenäen! Die ganze Kette, vom Mittelmeer bis fast zum Atlantik. Man hat mir erzählt, daß das nur selten, an klaren Wintertagen, möglich ist. Dort will ich also drüber! Ein schönes Stück Arbeit liegt da noch vor mir, und dann bin ich immer noch nicht in Santiago. Aber jetzt gehe ich erst einmal nach *St. Jean,* „meinem" Dorf.

Ich erhöhe das Tempo, um schon am frühen Nachmittag in meinem Haus anzukommen. Ich möchte Wäsche waschen, Post abholen, meine Freunde im Dorf besuchen, lesen, ausspannen – und umpacken!

Um Punkt 15 Uhr komme ich an. Das war ganz schön anstrengend! Auf Dauer sicher nicht durchzuhalten. In St. Jean setzt es zunächst eine große Enttäuschung: keine Post und auch sonst keine Nachricht erwarten mich. Was soll's, morgen geht es wieder weiter, und dann wird es erst richtig ernst! Der fünftägige „Prolog“ ist vorbei, morgen verlasse ich vertrautes Gebiet. Die Erfahrungen dieser ersten fünf Tage lassen mich meine Ausrüstung neu sichten, vor allem die Jeans bleiben da. Sie sind zum Weitwandern vollkommen ungeeignet, sie sind schwer, heiß, brauchen zum Trocknen irrsinnig lang und scheuern die Haut wund. Der Rucksack liegt genau auf dem Gürtel auf, und schon jetzt habe ich an dieser Stelle eine offene Wunde.

Dafür packe ich die wunderbar leichte Wanderhose ein, die ich ursprünglich nicht mitgenommen hatte. Welcher Teufel hatte mich da wohl geritten? Eine Freundin hat sie für mich aus einem ganz leichten, aber doch luftabweisenden Stoff genäht. Sie ist zwar nicht wasserdicht, trocknet aber binnen kürzester Zeit und ist weit, locker und leicht. Also geradezu ideal!

Ich bin froh, nicht von *St. Jean,* sondern von *Arles* weggegangen zu sein. So konnte ich Erfahrungen sammeln und sie auch gleich problemlos umsetzen.

Vor dem Einschlafen möchte ich noch ein bißchen fernsehen, aber der Apparat ist wieder einmal kaputt. Also schlafe ich gleich – was hat ein Pilger auch fernzusehen?

Und dann kommt doch noch ein Anruf aus Innsbruck. Heidi, die „Hosenschneiderin“, wünscht mir alles Gute für die Pilgerreise. Da muß sie einen sechsten Sinn gehabt haben, daß sie gerade an diesem Abend bei mir anruft. Aber das kann sie! Erstens daran denken und zweitens den richtigen Moment erwischen. Ein Anruf meinerseits bei Freunden in Österreich macht mich zutiefst betroffen. Ein Freund, nur wenig älter als ich, ist plötzlich gestorben, von heute auf morgen. Das kann doch mir auch passieren. Was tu' ich, wenn ich irgendwo in der Einsamkeit einen Unfall habe oder schwer krank werde? Ich hoffe, mein Schutzengel begleitet mich nach Santiago!

Dienstag, 28. Feber *St. Jean – Lunas*

Der Gute Geist des Weges

Heute ist es noch schöner als am Vortag! Der kalte Wind hat sich gelegt, die Sonne hat für diese Jahreszeit erstaunlich viel Kraft, und das Gehen ist eine reine Freude.

Etwa eine halbe Gehstunde von *St. Jean de la Blaquière* entfernt erreiche ich *Usclas du Bosc,* ein winziges Dorf mit etwa 30 Einwohnern. Abgesehen davon, daß es sehr malerisch ist, wie alle Dörfer in der Gegend, wäre es keiner besonderen Erwähnung wert, hätte man nicht auf seinem Friedhof eine große Anzahl von diskoidalen Stelen gefunden. Es sind dies aus einem Stein gehauene Grabsteine in der Form einer Scheibe auf einer Säule, die mit einem gleichschenkeligen Kreuz (griechisch, keltisch?) und anderen Verzierungen versehen ist. Ihr Ursprung ist nicht zur Gänze geklärt, wird aber entweder im Orient (Sonnenkult) oder bei den Gallo-Romanen, also Kelten, vermutet. Man findet sie in ganz Europa, in besonderer Häufung aber auf den britischen Inseln und in Südwestfrankreich (Languedoc-Roussillon) und auf der iberischen Halbinsel – und das ist faszinierend – entlang von alten Pilgerwegen, die entweder zu lokalen und regionalen Wallfahrtsorten (oft vorchristliche Kultstätten), meistens aber nach Santiago de Compostela führen! Für mich ein eindeutiger Hinweis auf den vorchristlichen – keltischen? – Ursprung des Jakobsweges. Die Steine befinden sich oft auf Pilgergräbern, und das in Friedhöfen, die bei Kirchen, Klöstern, Hospizen oder Niederlassungen von Ritterorden wie den Templern oder den Johannitern liegen, die in einem direkten Zusammenhang mit dem Jakobsweg stehen. Das ist bei *Usclas du Bosc* eindeutig der Fall. Es befand sich dort im Mittelalter ein Pilgerhospiz mit angeschlossenem Pilgerfriedhof der Malteser, dem Nachfolgeorden der Johanniter. Heute noch werden die Bewohner von *Usclas du Bosc* in der Gegend „Les Pélerins – Die Pilger" genannt.

Ich komme heute sehr gut voran, ärgere mich jedoch wieder einmal über die schlampige Markierung. Dafür finde ich einen viel kürzeren und schöneren Weg in einem stillen Tal bis *Lunas,* meinem Etappenziel. Am Ortsrand schlage ich in einem brachliegenden Feld mein Biwakzelt auf. Seit sechs Tagen schleppe ich es mit mir herum, jetzt soll es mir endlich auch seine Dienste leisten. Schleppen ist übertrieben, es wiegt höchstens 400 Gramm, hat dafür aber keinen Boden. Halt ein Dach über dem Kopf.

Das Haus, zu dem das Feld gehört, ist allem Anschein nach unbewohnt, jedenfalls sind alle Läden geschlossen. Ich kann also niemanden um Erlaubnis bitten, hier übernachten zu dürfen. Doch kaum steht das Zelt, kommt eine Frau aufs Feld und begrüßt mich freundlich, aber auch neugierig. Ich stelle mich als Pilger auf dem Weg nach Santiago vor und entschuldige mich für den Mißbrauch ihres Grundstücks als Campingplatz. Sie ist aber alles andere als böse, interessiert sich sehr für meine Pilgerreise und ist ganz begeistert von Ajiz. Sie lädt mich ins Haus ein, und ich esse mit ihr und ihrem Mann zu Abend. Der Abend vergeht bei angeregten Gesprächen, die sich hauptsächlich um den Jakobsweg, seinen Ursprung und seine wieder entflammende Faszination auf die Menschen drehen. Die Nacht im Zelt ist saukalt, und ich bin mir ziemlich sicher, daß ich das Biwakzelt nach Möglichkeit im Rucksack lassen und wirklich nur in Notfällen verwenden werde. – Wenn ich es nicht schon aufgestellt hätte, wäre für mich ein Bett im Haus bereitgestanden.

Wenn das mit der Gastfreundschaft einem Pilger und seinem Hund gegenüber so weitergeht, kann ich den nächsten Wochen guten Mutes entgegensehen! Ich habe ein unwahrscheinlich gutes und sicheres Gefühl, ich würde sagen, schon seit meinem Aufbruch von *Arles* begleitet mich nicht nur mein treuer Ajiz, sondern auch der „Gute Geist von Santiago“ – so nenne ich ihn ab heute – auf meinem Weg.

Aschermittwoch, 1. März *Lunas - St. Eutrope*
Nacht auf dem Berg

Nach dem Abbrechen und Verstauen des Zeltes wartet schon ein ausgiebiges Frühstück bei meinen Gastgebern auf mich – und eine Schüssel Milch auf Ajiz. Die angeregte Unterhaltung vom Vorabend wird fortgesetzt, mein Aufbruch erfolgt später als geplant. Aber ich habe ja keinen Termin, stehe nicht unter Zeitdruck und bin auch nicht auf der Flucht. Es wäre absurd, würde ich solche schönen Begegnungen nicht auskosten, nur weil ich den vom „normalen" Leben gewohnten Zeitdruck auf meine Pilgerfahrt übertrage und glaube, ein bestimmtes Ziel zu einem ganz bestimmten Zeitpunkt erreichen zu müssen.

So gegen 10 Uhr breche ich dann doch auf, versehen mit den besten Wünschen für den Weg nach Santiago. Mein Ziel ist heute *St. Gervais sur Mare*, ein kleines, malerisches Dorf in den Ausläufern der Cevennen.

Der Weg verläuft nicht auf der historischen Route im Tal, dem *Vallée d'Orb*, sondern auf Forststraßen über bis oben dichtbewaldete Berge. Das Tal ist durch den Abbau von Kohle ziemlich zerstört und der Weg zur Straße geworden, was für Frankreich nicht selten ist. Und logisch, denn die Jakobswege wurden erst in den letzten Jahren wiederentdeckt, nachdem Jahrhunderte des Fortschritts das Antlitz der Landschaft schon nachhaltig verändert hatten. In diesem Fall kann man wirklich von Nachhaltigkeit sprechen!

Das Wachstum der Städte und Dörfer, das Entstehen von Industriezonen, der Bau von Straßen und Autobahnen, Grundzusammenlegungen und neue Flächenwidmungspläne haben zur Folge, daß uralte Wege heute vor einem Stacheldraht, einer Mauer, am Rande eines Steinbruchs oder an einer Autobahn enden. Das gefällt mir zwar nicht, aber ich muß es akzeptieren. Die Folge ist, daß die „Jakobswege" heute oft „nur" Rekonstruktionen sind, welche die noch erhaltenen Kirchen oder Kapellen miteinander verbinden. Für mich vollkommen legitim und auch kein Problem, denn jeder Weg, den ein Pilger nach Santiago beschreitet, wird durch dieses Ziel zu einem Jakobsweg.

Und das Wandern auf diesem „Ersatzweg“ ist heute wunderschön. Das Wetter ist traumhaft, die Landschaft atemberaubend. Den ganzen Tag über begegne ich keinem einzigen Menschen, das Gehen hat von mir Besitz ergriffen. Ajiz leidet etwas unter der Hitze, aber glücklicherweise stoßen wir hin und wieder auf eine kleine Quelle, an der er sich ausgiebig laben kann. Und zur Not habe ich ja noch meine zweite Feldflasche, immer mit Wasser gefüllt. – In der anderen befindet sich ein anständiger südfranzösischer Landwein für die so wichtige und auch immer angemessen zelebrierte Mittagspause und für das Abendessen. In den Dörfern am Weg wird sie auch immer fleißig aufgefüllt.

Früher als erwartet treffe ich in *St. Gervais* ein, trotz des späten Aufbruchs. Und weil es so gut läuft, beschließe ich, die noch ca. 1½ Stunden bis zur Einsiedelei von *St. Eutrope* anzuhängen. Laut Führer gibt es dort eine Biwakmöglichkeit und auch eine Quelle. Proviant habe ich genügend im Rucksack, mit Trinkwasser und einem Dach über dem Kopf ist meine „Vollpension“ komplett!

Die Einsiedelei (14. Jahrhundert) liegt etwa 250 steile und anstrengende – besonders am Ende eines langen Tages – Höhenmeter über dem Tal, inmitten einer einsamen, wilden Felslandschaft. Auf den letzten 50 Höhenmetern, knapp unterhalb der Waldgrenze, lade ich mir noch so viel Brennholz auf, wie ich gerade noch tragen kann, damit ich mir im Kamin des Gîte (Unterstand, Biwak) ein kleines Feuer machen kann, die Nacht verspricht sehr kalt zu werden. Oben sind wir beide ziemlich fertig, aber ich finde alles so vor, wie ich gehofft habe: Das Gîte neben der Kapelle ist offen, die Quelle führt Wasser. An so einem einsamen Platz habe ich noch nie übernachtet, aber er gefällt mir – zumindest für eine Nacht. Hier ein Eremitendasein zu führen, wäre sicher nicht meine Sache. Ich mache Feuer im Kamin, füttere Ajiz und nütze das letzte Tageslicht, um Buchszweige für eine „grüne“ Matratze zu schneiden, mit der ich die harten Holzbretter meines Nachtlagers etwas abfedern will. Die Nacht bricht schnell herein, ich esse bei Kerzenlicht und lege mich dann gleich schlafen. Das heißt, ich versuche zu schlafen. Der harte Bretterboden – die Buchszweige helfen nicht viel – läßt jede Schlafposition binnen Minuten zur Qual werden. Der Rücken schmerzt, und zu allem Überdruß werde ich lange von Angstvorstellungen gepeinigt. Draußen heult der Wind so wild und rüttelt so heftig an der Hütte, daß in mir der Gedanke zur Gewißheit wird, daß am nächsten Morgen ein Wintereinbruch den Abstieg ins Tal unmöglich machen wird. Der steile und exponierte Pfad wird so naß und rutschig sein, daß er unpassierbar wird, und ein Windstoß wird Ajiz mit seinen Satteltaschen erfassen und in die Tiefe reißen. Irgendwann schlafe ich dann doch ein. Meine erste Krise, vermerke ich noch mit Verwunderung, knapp bevor mich der Schlaf von diesen düsteren Gedanken befreit.

2. Kapitel

Aus der Traum – Wintereinbruch

Donnerstag, 2. März *St. Eutrope – Villelongue*
Der Tag, als der Regen kam

Kein Regen, kein Schnee, kein abstürzender Ajiz! Die Sonne scheint, es ist ein herrlicher Morgen und die Angstphantasien sind im Reich der Nacht geblieben. Der Wind weht auch nicht mehr so stark, die Aussicht ist einmalig. Letzten Endes war *St. Eutrope* den Umweg wert, und nur schwer reiße ich mich nach dem Frühstück mit Tee, Brot und Käse von diesem besonderen Platz los. Heute wartet eine lange Etappe auf mich, ich möchte bis *Villelongue* kommen, das an einem See liegt. Dann habe ich den *Parc Naturel du Haut Languedoc* hinter und die Ebene bis *Toulouse* vor mir.

Nach dem Abstieg, den auch Ajiz problemlos bewältigt – er ist übrigens ein ausgezeichneter Kletterer –, verabschiedet sich die Sonne und macht dem Regen Platz. Wie sich später herausstellt, für den ganzen Tag. Dazu verliere ich noch etwa 40 Minuten, weil ich schlampig auf die Karte geschaut habe und deshalb im Kreis gehe. Ich fluche ganz schön, als ich feststelle, daß ich den wunderschönen Weg am Ufer eines Bachs, der mir so vertraut vorkommt, schon in der umgekehrten Richtung gegangen bin ...

Es soll mir eine Lehre sein: Schaue lieber einmal zuviel als einmal zuwenig auf die Karte! Auch wenn du ganz sicher bist und der Weg klar vor dir liegt (oder zu liegen scheint), schau trotzdem noch einmal auf die Karte, um dich zu vergewissern, wo deine exakte Position ist!

Der Weg selber ist wunderschön, er führt mich durch unberührten Wald auf über tausend Meter Seehöhe und verläuft großteils auf der historischen Route des Jakobsweges, was an den alten Wegweisern in Form eines Jakobskreuzes mit Muschel zu erkennen ist. So wie der Palmzweig für die Jerusalem-Pilger und das Kreuz für die Rompilger, wurde die Muschel zum Symbol für die Jakobspilger.

Wieder treffe ich unterwegs keinen Menschen, der Tag ist grau, kalt und gräßlich geworden. Teilweise liegt noch Schnee an Wegrand und Ajiz wälzt sich selig darin. Er ist – im Gegensatz zu mir – in seinem Element! Und wie um mir das gleich zu beweisen, verschwindet er zum ersten Mal seit Arles für eine Weile im Wald, mitsamt den Satteltaschen, die seinen Jagdeifer offensichtlich in keiner Weise bremsen. Die Fährte eines Hasen ist ihm anscheinend zu verlockend in die Nase gestiegen. Aber nach zehn Minuten ist er, ganz Unschuld, wieder zurück. Ich bin froh, daß er wieder da ist – was täte ich, wenn einmal wirklich etwas passierte? – und schimpfe ihn halt pro forma.

In *Murat sur Vèbre* kaufe ich Tabak und Lebensmittel ein – meine Finger sind ganz klamm vor Kälte und ich habe Mühe, die Münzen abzuzählen. Es regnet immer noch in Strömen, meine bisher so freudig zelebrierte Mittagsrast in der Sonne wird abgesagt und durch einen Bissen Brot und einen Schluck Wein, praktisch im Stehen, ersetzt. Mittlerweile ist es schon vier Uhr nachmittag vorbei, und ich habe noch fast drei Stunden Marsch bis *Villelongue* vor mir. Ich könnte zwar in *Murat sur Vèbre* bleiben, aber das Dorf erscheint mir im Regen grau und unfreundlich, alles andere als einladend. Ich weiß, das ist ungerecht, denn bei so einem Wetter sieht alles grau und unfreundlich aus, aber ich will heute ja auch noch ein Stück weiterkommen.

Kurz bricht sogar einmal die Sonne durch – sie ist also noch da! – und die Stimmung bessert sich schlagartig. Die Schönheit des Weges und der Landschaft wirkt wieder auf mich, der Schritt wird gleich leichter. Ich durchquere endlos scheinende Buchenwälder, manchmal versinke ich bis zu den Knöcheln im Buchenlaub vom letzten Herbst, und mein Schritt im raschelnden Laub ist das einzige Geräusch weit und breit. Ein Genuß! Aber dann kommt wieder der nasse Segen von oben, und die letzten 50 Minuten bis *Villelongue,* auf Asphalt, ziehen sich ewig. Erst bei Einbruch der Dunkelheit – und strömendem Regen – treffe ich im Dorf ein, das vollkommen ausgestorben scheint. Kein Gasthaus, kein Fremdenzimmer, kein Gîte! Langsam kommt Verzweiflung auf, wir sind beide bis auf die Knochen naß und bräuchten dringend einen Platz zum Trocknen und Aufwärmen! Wo sollen wir schlafen – fetznaß, ausgekühlt und „hundemüde“?

Doch der „Geist von Santiago“ kommt uns zu Hilfe. Eine alte Frau – sie ist 86! – erbarmt sich unser. Sie hat zwar Angst und traut sich nicht, uns in ihrem Haus übernachten zu lassen, aber sie hat den Schlüssel zur Sakristei und erlaubt mir, mich dort für die Nacht einzurichten. Ich darf aber niemandem etwas sagen! Sonst erfährt es der Pfarrer – der nur alle heiligen Zeiten zum Meßlesen vorbeikommt –, und der hat ihr streng verboten, Leute in der Sakristei übernachten zu lassen, nachdem er einmal einen Clochard hatte rausschmeißen müssen, dem sie aus Mitleid für eine Nacht aufgesperrt und der sich dann dort eingenistet hatte.

Die Sakristei ist kalt, aber trocken, und nur das zählt im Moment. Und außerdem, ist der Nebenraum einer Kirche nicht *der* ideale Schlafplatz für einen Pilger?

Ich schaffe etwas Ordnung in dem total verschmutzten und verstaubten Raum und zünde ein Dutzend Kerzenstummel an, die ich im Schrank neben den von Motten zerfressenen Priestergewändern finde. Das heizt ein bißchen und schafft eine heimelige und wärmende Atmosphäre. Ich binde die zwei einzigen schmalen Holzbänke mit meinem Gürtel zu einem engen und harten „Büßerbett“ zusammen – irgend etwas habe ich sicher abzubüßen! Ein heißer Tee und eine heiße Suppe – ich bin heilfroh um meinen kleinen Gaskocher! – heben die Stimmung, innerlich und äußerlich, und ich bin eigentlich wieder rundherum zufrieden. Gemessen an dem, was mich sonst in dieser Nacht an „Komfort“ erwartet hätte, kommt diese Sakristei dem Paradies ziemlich nahe!

Freitag, 3. März *Villelongue – La Roussarié*
Schnee

Über Nacht hat es aufgeklart, und ich erlebe einen Morgen von einzigartiger Schönheit. Die Sonne ist noch nicht aufgegangen, die Kirche und der kleine Friedhof am westlichen Seeufer liegen noch im Halbdunkel. Im Osten taucht die aufgehende Sonne jedoch schon die wenigen Wolken am Horizont in zartes Rosa, das sich in der von keinem Windhauch bewegten Oberfläche des Sees spiegelt. Kein Laut unterbricht die absolute Stille, die über all dem liegt, und ich sitze lange, mit dem Blechnapf heißen Tees in den Händen, auf der Friedhofsmauer und lasse die Schönheit dieses Gemäldes, wie es nur die Natur selbst schaffen kann, in mich dringen, auf daß ich es nie vergessen möge. Ich weiß nicht, ob Hunde für die Schönheit der Natur empfänglich sind, aber wie ich Ajiz so neben mir sitzen und auf den See hinausblicken sehe, vollkommen bewegungslos und genauso still wie ich, kann ich mich des Eindrucks nicht erwehren, daß er vom Zauber dieses Augenblicks ebenfalls berührt wird.

Aber wie das mit Zaubern eben so ist, sie währen nicht lange. Es gelingt mir gerade noch, ein paar Photos zu machen, da verrammeln schon schwere Regenwolken binnen Minuten den gerade noch hellblau-rosa Himmel, und es dauert nicht lange, bis die ersten Tropfen fallen. Voller Optimismus hatte ich mein Regenzeug schon eingepackt, doch aus dem regenfreien Wandern wird nichts, und wie sich später herausstellt, für längere Zeit nichts. Weder Ajiz noch ich haben besondere Lust, bei strömendem Regen loszumarschieren, aber was soll's, wir sind beide nicht aus Zucker, das halten wir schon aus. Ich nehme noch Abschied von der alten Frau, die sich ganz besorgt erkundigt, wie ich die Nacht verbracht habe, und mir noch eine Tasse Kaffee anbietet. Und dann tut sie etwas, was mich schlagartig in die Zeit der Pilger des Mittelalters zurückversetzt: Sie sagt zu mir „Priez pour moi à Compostelle!" – Beten Sie für mich in Compostela! – heutzutage hätten wir alle dies so nötig. Dieser Satz wird Pilgern seit Jahrhunderten auf ihrem Weg mitgegeben. Sie wurden immer – und werden es zu meiner Überraschung heute noch – als Träger und Überbringer von Bitten und Gebeten gesehen und deshalb mit besonderem Respekt behandelt. Ich bin erfreut darüber, daß diese Tradition heute noch im Gedächtnis der Menschen verankert ist und auch gepflegt wird! Die Geste der alten Frau hat mich sehr berührt, und was die Notwendigkeit von Gebeten in der heutigen Zeit betrifft, kann ich ihr nur recht geben.

Die Stimmung ist also trotz des Regens gar nicht so schlecht, außerdem ist der Weg gut markiert, verläuft meistens auf der historischen Route und ist sehr angenehm zu gehen.

Aber nur bis *Salvetat sur Agout.* Im Ort decke ich mich wieder mit Lebensmitteln ein, und wie ich durch die Straßen gehe, identifizieren mich einige als Jakobspilger und rufen mir gute Wünsche für den noch weiten Weg nach Santiago zu. Einer ist besonders witzig und verrät mir ein großes Geheimnis: „T'es pas encore arrivé!" – Du bist noch nicht angekommen! – Als ob ich das nicht selber wüßte. Aber wahrscheinlich ist es nur seine etwas herbe Art, mir alles Gute zu wünschen. Ich bedanke mich freundlich für die wichtige Information und ziehe weiter. Mit Erstaunen vermerke ich jedoch, wie lebendig die Erinnerung an die uralte Tradition des Jakobsweges in diesen entlegenen Dörfern noch ist. Und das, obwohl seine Blütezeit so lange zurückliegt und es noch über 500 Kilometer bis Spanien sind, wo der Jakobsweg ja eine zentrale Rolle für die nationale Identität spielt und die Tradition dementsprechend gepflegt wird.

Am Ortsende von Salvetat beginnt es wieder zu regnen, außerdem wird es kälter. Soviel Sonne und schönes Wetter ich in der ersten Woche hatte, mit soviel Regen und Kälte beginnt die zweite Woche meiner Pilgerfahrt. Um mich zu trösten, sage ich mir, daß dies nur ausgleichende Gerechtigkeit sei, die es anzunehmen gilt. Ich bin ja schließlich kein Tourist und Schönwetterwanderer, sondern eben ein Pilger. Und da kann ich mir das Wetter nicht aussuchen. Aber daß es gleich so dick kommt ...

Obendrein verliere ich noch 30 Minuten mit der Suche nach einer Markierung, die mit saftigen Flüchen auf den Führer und die für die Betreuung des Weges Verantwortlichen belebt werden. Das Gelände wird sumpfig, die Markierungen immer seltener und undeutlicher, der Pfad verläuft zickzack durch einen dichten, nicht enden wollenden Wald. Und natürlich weit und breit keine Menschenseele.

Um das Maß vollzumachen, beginnt jetzt noch ein Schneesturm. Jetzt ist die Sammlung aber wirklich komplett: Sonne, Wind, Regen, Kälte und Schnee haben sich bis jetzt als Wegbegleiter abgewechselt. Der Schneesturm hält den ganzen Nachmittag an, und ich komme mir, so völlig alleine in der kalten Wildnis, tatsächlich wie ein Pilger im Mittelalter vor. Es hält mich nur die Gewißheit bei Laune, diesmal am Abend an einem Ort anzukommen, an dem es trocken und warm ist, wo ich mich duschen, ausruhen, wiederfinden kann.

Der Sturm hört am späten Nachmittag auf, die letzten 1½ Stunden stapfe ich mutterseelenallein durch tiefverschneite Landschaft, in der sich Wiesen und Wald abwechseln. Es ist wunderschön, aber ich bin hundsmüde – der Ajiz übrigens auch – und möchte nur mehr ankommen.

Gegen 6 Uhr abends, die Dämmerung bricht schon langsam herein, laut Zeitplan müßte ich in etwa 15 Minuten im Gut „La Roussarié" ankommen, wo mich besagte warme Dusche erwartet, erlebe ich noch ein paar intensive Schrecksekunden. Auf dem verschneiten Weg sind keinerlei Spuren menschlicher Gegenwart zu erkennen! Was tu ich, wenn das Gut den Winter über gar nicht geöffnet ist? Wieder ein Biwak, diesmal im Schnee? Brrrrr! Lieber gar nicht daran denken!

Der gute Geist von Santiago verläßt mich jedoch nicht. Als ich um die letzte Kurve biege, liegt das Anwesen vor mir, und vor dem Haus parkt ein Range Rover! Selten, und schon gar nicht auf meiner Pilgerreise, hat mich der Anblick eines Autos so gefreut wie in diesem Augenblick. Ich bin gerettet!

Beim Anblick der Häusergruppe auf der Lichtung im tiefverschneiten Wald beschließe ich, morgen einen – wohlverdienten – Ruhetag einzulegen. Schließlich bin ich immerhin schon neun Tage ununterbrochen unterwegs und habe fast 300 Kilometer zurückgelegt! Dies ist zwar nicht einmal ein Fünftel der Gesamtstrecke, aber erstens bin ich, wie gesagt, nicht auf der Flucht, und zweitens scheint das Wetter noch für eine Weile so miserabel bleiben zu wollen.

In *La Roussarié* finde ich tatsächlich, was ich erhofft habe. Die Pferdefarm mit angeschlossenem Gîte, mitten im Wald auf einer - jetzt tiefverschneiten - Lichtung gelegen, wird von einem flämischen Ehepaar geführt, das mich freundlich empfängt und mir gleich das Gîte aufsperrt. An sich sollte der Betrieb erst wieder nach Ostern aufgenommen werden, im Winter kommen ja wirklich kaum Gäste vorbei, aber der Anblick zweier erschöpfter und vollkommen durchnäßter und erfrorener Pilger läßt keinen Augenblick den Gedanken aufkommen, uns weiterzuschicken - wohin denn auch?

Sie laden mich gleich auf eine Tasse Tee in ihr prächtiges, wohlgeheiztes (riesiger offener Kamin!) Haus ein, wir kommen ins Gespräch und unterhalten uns bald wie alte Freunde. Marc ist Mitte 50, seine Frau Maggy etwas jünger, beide sind sehr engagiert in der europäischen Grünbewegung. Marc arbeitet als Environmental Consultant; mit Telephon, Fax und Internet ist das noch aus dem tiefsten Wald heraus möglich. Gleichzeitig haben sie vor vier Jahren das Pferdefarm-Projekt aufgebaut, in der Absicht, von einem anderen Leben nicht nur zu predigen, sondern die Werte und Prinzipien, die sie vertreten, auch selber in die Praxis umzusetzen. Was sie tun, gefällt mir ausgezeichnet, es erinnert mich ein bißchen an meine eigenen Projekte. Auch sie sind ziemlich alleine - gelassen –, in ihrem Fall sind es die drei erwachsenen Söhne, welche die Utopien ihrer Eltern nicht teilen. Sie haben sich mit dem Kauf des Gutes und des dazugehörenden Grundes hoch verschuldet, und ohne Unterstützung der öffentlichen Stellen für ein Projekt des grünen Tourismus in einem extrem strukturschwachen Gebiet (Departement Tarn) werden sie heuer wohl das Handtuch werfen müssen. Wir unterhalten uns stundenlang, entdecken viele Gemeinsamkeiten in unserem politischen Denken, und ich beglückwünsche mich innerlich zum Entschluß, hier meinen Ruhetag einzulegen. Auch Ajiz ist anzumerken, daß er sich hier „pudelwohl" fühlt. Der Schnee, die Atmosphäre, die Sympathie, die auch ihm entgegengebracht wird, all das macht ihn ganz ausgelassen.

Marc und Maggy stellen mir einen Elektroradiator ins Gîte, und ich kann mit dem Trocknen meiner Ausrüstung beginnen. Höchst zufrieden und wieder im Einklang mit mir und meiner Umwelt schlafe ich ein.

Samstag, 4. März
Tag der Ruhe

Der Vormittag vergeht rasch mit Reparaturarbeiten an Körper – endlich wieder einmal warm duschen – und Ausrüstung: Socken stopfen, Hose und Schlafsackhülle nähen, Schlafsack trocknen, Schuhe trocknen und einfetten ...

Zu Mittag bin ich bei Maggy und Marc eingeladen, es gibt ein *Festmahl* (Linsensuppe, Hühnerleber mit Knoblauch und Koriander, grüner Salat, Obstkuchen, Rotwein, Kaffee), und ich genieße das Essen und die Gesellschaft in vollen Zügen. Die angeregte Unterhaltung geht ansatzlos dort weiter, wo sie am Vorabend aufgehört hat.

So ist Reisen etwas Wunderbares! Sich aussetzen, sich exponieren, das Vertraute, Sichere, Gewohnte verlassen und hinausziehen ins Neue, ins Unbekannte – Peregrinus heißt Fremder auf lateinisch – und dort Begegnungen machen. Aufregende, interessante, prägende Begegnungen. Aus dieser Sicht verläuft es bisher einmalig. Das Wetter macht mir halt Sorgen!

Am Nachmittag holen Marc und ich Holz für den Kamin und versorgen die Pferde, den Abend verbringe ich mit dem Pferdeknecht Alexandre, einem sympathischen jungen Mann aus der Gegend, der drei Tage bei seiner Freundin war und gerade zurückgekommen ist. Mit ihm esse ich auch zu Abend, denn Maggy und Marc haben Besuch.

Morgen geht es weiter. Der Schnee als solcher bereitet mir kein besonderes Kopfzerbrechen, ich befürchte nur, daß er die Markierungen verdecken könnte.

Sonntag, 5. März *La Roussarié - Castres*
Auf Hoch kommt Tief

Die Ausrüstung ist trocken und repariert, der Rucksack gepackt, wir sind aufbruchbereit - und es schneit immer noch. Der Abschied von Marc und Maggy ist herzlich, wir werden uns sicher wiedersehen.

Im Tiefschnee geht es ganz gut vorwärts, auch die Markierungen sind - falls überhaupt vorhanden - sichtbar. Aber kaum gelangen wir in tiefere Lagen, verwandelt sich der Schnee in Schneeregen, und der Tiefschnee auf dem Boden wird zu tiefem und schwerem Matsch. Die Energie und der Optimismus, die ich in *La Roussarié* getankt habe, fließen rasch über meine Füße in den Boden, und das Gehen wird zu einem anstrengenden Vorwärtskämpfen, so schwierig und mühsam wie bisher noch nie! Und dann begehe ich noch einen schweren strategischen Fehler, den ich mit 20 Kilometern auf einer vielbefahrenen Nationalstraße bezahle! Bei strömendem Regen und immer wieder von den Gischtfontänen rücksichtslos und schnell vorbeifahrender Autos überschüttet. Der absolute Tiefpunkt bisher! Und dabei wollte ich doch nur dem tiefen Schneematsch ausweichen und ein Stück auf der Straße abkürzen! Aber die kleine, für eine Abkürzung gehaltene Straße senkte sich auf der Kuppe auf die linke statt auf die rechte Seite, und als ich den Irrtum bemerkte, war ich schon zu weit vom Weg entfernt, um wieder zurückzugehen. Ich könnte mir selber in den Hintern beißen, jetzt geschieht es schon zum zweiten Mal - diesmal aber mit schwereren Konsequenzen -, daß ich zu schlampig auf die Karte schaue. Ich kann mir jedoch verzeihen, denn ich hatte alles Gewand übergezogen, um mich irgendwie vor dem schwer fallenden Schneeregen zu schützen, und die Karte war, um sie halbwegs trockenzuhalten, unter mehreren Schichten versteckt, was es äußerst kompliziert und umständlich gestaltet hätte, meine Position immer wieder auf der Karte zu kontrollieren.

In dieser besch... Situation tröstet mich nur mehr die paradoxe Hoffnung, daß der „normale“ Weg unter den heutigen Bedingungen vielleicht noch ärger gewesen wäre als der, den ich irrtümlich gewählt habe.

Ich weiß, ich kenne die Geschichte vom Fuchs und den sauren Trauben, aber ein bißchen hilft mir der kleine Selbstbetrug doch ... was aber andererseits nichts daran ändert, daß der heutige Tag der schlimmste bisher war und daß ich zum ersten Mal ernsthaft ans Aufgeben gedacht habe. Oder zumindest ans Abbrechen und Verschieben auf unbestimmte Zeit. Anruf in Montpellier bei Jean oder in Perpignan bei Henry mit Bitte um Abholung, oder so etwas Ähnliches. Der vierte Tag mit diesem entsetzlichen Wetter!

Irgendwo habe ich gelesen, daß nur Büßer die Pilgerfahrt nach Santiago im Winter auf sich genommen haben. Also bin ich entweder ein Büßer oder ein Dummkopf oder beides. Ertragen und Durchhalten – das war jedenfalls die einzige „Botschaft“ dieses Tages. Armer Ajiz, was ich ihm da aufhalse! Sein Fell ist klatschnaß, die Satteltaschen ob der Nässe um einiges schwerer, und ich sehe ihm an, wie sehr ihm das Wetter und das Gewicht auf seinem Rücken zu schaffen machen. Aber er hält tapfer durch und stapft unbeirrbar neben seinem fluchenden und schimpfenden Herrn her.

Trotzdem habe ich auch heute wieder ein sympathisches, berührendes Erlebnis. An einer tiefverschneiten Wegkreuzung im Wald sehe ich keine Markierung, zögere und entscheide mich – wie sich gleich herausstellen soll – für den falschen Weg. In diesem Augenblick kommt ein junger Mann aus einem nahegelegenen Haus und ruft mir zu, daß ich den anderen Weg nehmen müsse. Ich bedanke mich, biege auf den richtigen Weg ab, da bittet er mich, einen Moment zu warten, denn er wolle mich, falls ich nichts dagegen hätte, gerne photographieren. Er habe so etwas noch nie gesehen: im tiefsten Winter ein Pilger mit Hund (und Satteltaschen, das ist überhaupt etwas ganz Einmaliges!), er müsse mir seine Hochachtung aussprechen.

Immer wieder diese Mischung aus Neugier, Respekt und Hochachtung, die man mir (uns!) entgegenbringt ...

Knapp vor *Castres,* meinem heutigen Tagesziel, komme ich an einem Zigeunerlager vorbei, einige Buben spielen trotz des Regens im Freien. Großes Hallo, als sie uns erblicken, und gleich laden sie mich ein, bei ihnen im Lager zu übernachten. Mit scharfem Blick haben sie mich als einen der ihren, einen Mann der Straße – und das bin ich ja wirklich – identifiziert. Die Einladung freut und ehrt mich, aber ich lehne sie dankend ab, denn die Nacht im Lager zu verbringen, erscheint mir doch etwas riskant. Soviel ich weiß, teilen die Zigeuner zwar alles mit dir, aber du mußt auch alles mit ihnen teilen. Und danach ist mir heute überhaupt nicht. Vor allem Ajiz, der den Buben sichtlich sehr gefällt, würde ich ihnen auf keinen Fall lassen. Bin ich ein Opfer meiner Vorurteile? Bis in die Stadt hinein beschäftigt mich diese Frage, Antwort finde ich keine. Wahrscheinlich müßte ich es einfach einmal probieren, riskieren.

Die kleine Stadt *Castres,* an der Agout liegend, befindet sich zweieinhalb Tagesmärsche von *Toulouse* entfernt. Die *Montagne Noir* liegt hinter, die Ebene vor mir. In der Stadt gibt es keine Unterkunftsmöglichkeit für Pilger, es wird die erste Nacht in einem Hotel werden. Bei strömendem Regen zu biwakieren kommt gar nicht in Frage und auf der Suche nach einem Gratisschlafplatz die menschenleere Stadt abzuklappern, genausowenig. Da müßte meine Verzweiflung schon riesig und meine Geldtasche leer sein. Da ist eine Hemmschwelle, die zu überschreiten ich – noch – nicht in der Lage bin, vor allem nicht, solange ich genügend Bargeld und für alle Fälle auch eine Kreditkarte bei mir habe.

Montag, 6. März — *Castres – Revel*
Sonne in Sicht

Es dürfte mich im Grunde gar nicht mehr überraschen: in der Früh regnet es nicht, aber zehn Minuten nach dem Abmarsch bricht der erste heftige Regenschauer über mich herein. Gott sei Dank ist es heute jedoch bis zum Nachmittag der einzige richtige. Seit fünf Tagen kann ich zum ersten Mal wieder mehrere Stunden lang ohne Regen oder Schnee wandern. Das Wetter ist zwar kalt und trüb, die Ekstase der ersten Woche ist dick vermummt, aber das einsame Gehen über kleine Landstraßen, dem kalten Wind trotzend und den manchmal doch recht tiefen Wasserlachen ausweichend, ist gegenüber den vergangenen Tagen geradezu romantisch.

Auch Ajiz weiß das zu schätzen. Er trottet nicht, wie in den letzten Tagen, mit hängendem Kopf hinter mir her, sondern läuft wieder circa 30 bis 40 Meter vor mir her und wartet auf mich, wenn der Abstand zwischen uns zu groß wird. Auf diese Weise spielt er „Kundschafter" und hat zudem noch die Illusion, alleine auf freier Wildbahn durch das Land zu streifen und zu bestimmen, wo es langgeht. Denk' ich mir halt.

Aber am Nachmittag kommt es dann doch wieder dick – eine Stunde lang extrem starker und kalter Wind mit Regenschauern. Das genügt, um ordentlich durchnäßt zu werden. Es ist schon interessant, wie wichtig das Wetter auf einer Pilgerfahrt wird. Aber eigentlich logisch, spielt sich doch mein Leben zum Großteil im Freien ab, bin ich momentan doch ein sogenannter „Outdoor-Mensch". Gehen ist meine Hauptbeschäftigung, daneben haben nur mehr Essen und Schlafen Platz, und Kleinigkeiten wie Tagebuchschreiben, Einkaufen, Schlafplatzsuchen. Heute waren es wieder 33 Kilometer, teilweise durch total matschiges Gelände, und das nicht nur über ein paar hundert Meter, sondern gleich einige Kilometer! Die Alternative heißt Asphalt, wo einem bald die Fußsohlen zu brennen beginnen. Aber man kommt wenigstens voran.

Ja, es ist wirklich eine Pilgerfahrt, auf der ich mich befinde, von Tourismus bin ich momentan meilenweit entfernt. Die Etappen sind sehr lang – die spärlichen Unterkunftsmöglichkeiten und das schlechte Wetter zwingen mich dazu – und die Tage sind doch noch ziemlich kurz. In der Früh waschen, frühstücken, packen und dann gleich weg. Da bleibt nicht viel Zeit für Urlaub, auch nicht für lange Pausen unterwegs, wenn ich nicht zu spät – das heißt nach 18 Uhr – im Zielort ankommen will. Das hat sich heute wieder in *Revel* gezeigt. Das Tourismusbüro sperrt um 18 Uhr zu, nachher wäre es äußerst schwierig, Auskunft über eine Pilgerunterkunft oder eine andere günstige Schlafmöglichkeit zu bekommen.

Inklusive 40 Minuten Mittagsrast war ich heute neun Stunden unterwegs und erreiche *Revel* um 17 Uhr 30. Die Hetzerei hat sich gelohnt, im Büro bekomme ich die Auskunft, daß es eine Pilger- und Landstreicherunterkunft im Dorf gibt, den Schlüssel dafür müsse ich bei der Gemeindepolizei holen, aber ich solle mich beeilen, denn die machen um 18 Uhr dicht.

Die Notschlafstelle entpuppt sich als recht finsteres und schmutziges Loch, aber sie verfügt über ein Bett, ein Klo, eine Kochmöglichkeit und sogar eine Heizung. Da ich einen Schlafsack habe, stört mich das schmutzige Bett nicht, ich habe den Unterschlupf für mich alleine, da um diese Jahreszeit noch kaum Landstreicher - „Frères de Route“ - unterwegs sind, ich habe ein Dach über dem Kopf, es ist warm, ich kann kochen und mich ausschlafen - was will ich mehr?

Bevor ich aber den Schlüssel bekomme, werden auf der Polizeistation noch meine Personalien aufgenommen - Premiere! Ich habe den Eindruck, dem diensthabenden Polizisten ist es ziemlich egal, ob ich Pilger oder Landstreicher bin.

Morgen stehen 37 Kilometer auf dem Programm, hoffentlich spielt das Wetter endlich wieder einmal mit. Heute ging ich durch hügelige, freundliche Landschaft, durch kleine Dörfer und an vielen Bauernhöfen vorbei. Eigentlich schön. Es stimmt schon, man sieht viel mehr, wenn man zu Fuß unterwegs ist. Aber noch überwiegt doch die Anstrengung.

Ich nehme mir fest vor, in Spanien kürzere Etappen zu machen, ein bis zwei Stunden pro Tag weniger, ich will ja keinen Rekord aufstellen! Wenn es warm und trocken wäre, könnte ich hin und wieder auch biwakieren, Abend- und Morgenstimmung im Freien genießen ... Aber so ...

Dienstag, 7. März *Revel – Avignonnet*
La Rigole

Meine Freude kennt keine Grenzen, als ich in der Früh aus der finsteren, fensterlosen Notschlafstelle in einen strahlendblauen, kühlen, klaren und von der Sonne überschwemmten Märzmorgen hinaustrete!

Und der Tag hält, was der Morgen verspricht, er wird zu einem der schönsten überhaupt. Keine Straße, keine Autos, kein Asphalt, kein Regen oder Schnee. Vom Morgen bis zum Abend gehen wir auf dem Treppelweg der „Rigole", einem Kanal, der als Wasserzulauf für den großen „Canal du Midi" dient. Dieser verbindet mit seinen 240 Kilometern den Atlantik mit dem Mittelmeer und wurde im 17. Jahrhundert als Schiffsverbindung zwischen *Bordeaux* und *Sète* errichtet.

Es ist ein wunderbares Gehen am Rande der auf ihrer gesamten Länge von Bäumen gesäumten Rigole. Ich muß mich überhaupt nicht auf den Weg konzentrieren, er liegt klar und deutlich vor mir, und ich kann seit langem wieder einmal meine Gedanken einfach frei fliegen lassen. Auch Ajiz kann wieder so tun, als würde er nicht zu mir gehören, und geht weit vor mir, höchstwahrscheinlich seinen Träumen von Freiheit, schönen Karelierinnen (er ist ein Karelischer Bärenhund) und jagdbarem Wild im Überfluß nachhängend. Und wie schon seit Beginn der Pilgerfahrt sind wir auch heute mutterseelenalleine auf dem Weg.

Am frühen Nachmittag komme ich an einem Bauernhaus vorbei, wo meine Bitte um Wasser mit der Einladung auf ein Glas Wein beantwortet wird. Die ich natürlich annehme. Die Begegnungen mit den Menschen, die am Weg leben, gehören zu den schönsten Momenten meiner Reise.

Am Abend fällt noch ein Wermutstropfen in die Süße dieses außergewöhnlichen Tages. Wieder einmal ist es mir gelungen, die Regel Nr. 1 des Pilgers „Schau lieber einmal zuviel als einmal zuwenig auf die Karte!" nicht zu beachten. Natürlich habe ich Ausreden: der Tag war lang, ich bin müde, es war einfach zu verlockend, am Canal du Midi entlang weiterzugehen, auf den ich am Abend stoße –

Mein Gott, bin ich blöde! Der Irrtum wird erst spät bemerkt, zwei Kilometer Umweg sind die Folge, das macht für heute also insgesamt 39 km. Entsprechend grantig und müde komme ich – es ist schon dunkel – in *Avignonet-Lauragais* an. Ich weiß, daß es im Ort kein Gîte gibt, also geh' ich gleich ins nächste und wie sich herausstellt einzige Hotel des Dorfes. Es liegt an der Nationalstraße nach Toulouse, die Gäste sind großteils Reisende, außer mir ist aber keiner zu Fuß unterwegs. Der Hotelbesitzer ist Hundefreund, er lädt Ajiz zum Abendessen ein. Mich nicht.

Mittwoch, 8. März *Avignonet – Montgiscard*
Nacht im Geisterschloß

In der Früh weckt mich – das Geräusch von auf mein Fenster klatschenden Regentropfen! Das kann doch nicht wahr sein! Wieder beschleicht mich der Gedanke ans Aufgeben. Sollen Regen, Kälte und Wind jetzt – nach Ajiz – meine treuesten Begleiter werden? War die erste so schöne Woche nur eine Falle, in die ich Naivling hineingetappt bin, und ist das Verhältnis fünf Minuten Sonne zu fünf Stunden Regen und Wind das in dieser Region vorherrschende?

In der Zeitung, in die ich beim Frühstück im Hotel hineinschaue – wie weit bin ich doch schon von der Welt entfernt, die Seite mit dem Wetterbericht interessiert mich am meisten! – steht, daß ab morgen, Donnerstag, das Wetter besser werden soll. Wenn das stimmt, werde ich diesen einen Regentag wohl auch noch überleben, mache ich mir selber Mut. Sonst ist ja niemand da, der oder die das tun könnte.

Gut, daß ich mich innerlich auf gräßliche Gehbedingungen eingestellt habe, denn so kommt es auch – eigentlich fast schon wie gewohnt: Regen, Wind, naß, kalt, unfreundlich. Dafür ist der Wegverlauf okay.

Ich beschließe, teilweise meine eigene Spur zu ziehen und mich mehr an der Karte als an der Markierung bzw. der Wegbeschreibung im Führer zu orientieren. Der markierte Pilgerweg verläuft nämlich auf der Straße von Dorf zu Dorf, hügelauf, hügelab, aber immer parallel zum Canal du Midi. Und da bietet sich der Treppelweg doch als ideale Alternative an – landschaftlich schön, keine Steigungen, kein Asphalt, keine Orientierungsprobleme. Mag schon sein, daß *vor* dem Bau des Kanals die Pilger von Ort zu Ort gezogen sind, sie hatten ja auch nicht die verlockende Alternative des Treppelweges vor sich. Heute jedoch, und ich fasse in diesem Moment den formellen Beschluß, ist der Treppelweg genauso authentisch wie der Weg über die Dörfer. Wie alt muß denn ein Weg sein, daß er als authentisch gilt? Und wer beschließt das?

Ich bin mir ziemlich sicher, daß die Pilger früher auch nicht einfach so zum Spaß zickzack durch die Landschaft gingen, sondern, wenn es ging, den kürzesten, einfachsten und sichersten Weg nahmen. Ich habe den Verdacht, daß es keine Pilger, sondern eingefleischte „Kulturwanderer" waren, die den Verlauf des heutigen Jakobsweges festgelegt haben. Man darf nicht vergessen, daß das Ziel damals wie heute darin bestand, nach Santiago zu gelangen, so sicher und bequem wie möglich, und nicht, in jedem Dorf seine Markierung zu hinterlassen. Jetzt denke ich schon wie mein Hund. (Das kommt davon, wenn man seit mittlerweile zwei Wochen 24 Stunden täglich zusammen durch dick und dünn geht, zur Zeit vor allem dünn.)

Am Canal du Midi entlang habe ich wieder – trotz des unfreundlichen Wetters – das Vergnügen, Gehen pur zu erleben. Ich bewundere das beeindruckende Bauwerk, das mit seinen unzähligen Schleusen – daher auch der Bedarf an Wasserzuläufen wie der Rigole – insgesamt 250 Höhenmeter überwindet. Vollkommen zu Recht wurde der Kanal vor einigen Jahren in das Verzeichnis des Weltkulturerbes der UNESCO aufgenommen, ist er doch ein gelungenes und leider immer seltener werdendes Beispiel dafür, wie der Mensch in die Natur eingreifen kann und sie dadurch fast noch schöner macht.

Am Abend ist dann wieder ein Biwak fällig. Diesmal in einer Burgruine etwa 22 Kilometer vor Toulouse, auf einem Hügel gelegen, die total zerfallen und im Inneren schrecklich schmutzig ist ... und alles andere als romantisch! Aber trocken und halbwegs windgeschützt, und das ist die Hauptsache. Eine alte Türe, die ich in der Ruine finde, auf vier Ziegelsteinen aufgebockt, dient mir als Bett, besser gesagt uns. Denn Ajiz kommt im Verlauf der äußerst unruhigen Nacht - der Wind pfeift und tobt um die alten Gemäuer, daß es nur so eine Freude ist - auch aufs „Bett" und rollt sich zu meinen Füßen zusammen. Das tut er sonst nie, da muß er sich schon sehr vor den Geistern gefürchtet oder sehr gefroren haben, was ich mir aber kaum vorstellen kann. Das muß schon der Wind gewesen sein, der ihn die Nähe zu mir suchen ließ. Ich muß gestehen, daß es auch für mich ein angenehmes Gefühl ist, die Nähe zu einem lebenden Wesen und das Vertrauen, das es in mich setzt, zu spüren.

Donnerstag, 9. März *Montgiscard – Colomiers Toulouse*

Die Kälte weckt mich sehr früh, draußen vor den Mauern der Burg *Montgiscard* wartet ein klarer, kalter Morgen auf mich. Nachdem ich kein Wasser mehr habe - weit und breit gibt es weder Brunnen noch Quelle oder Bach –, werden die Morgenwäsche und das Frühstück auf später verschoben. Ajiz kann Gott sei Dank aus den zahlreichen Pfützen trinken, die der gestrige Dauerregen hinterlassen hat. Meine Stimmung paßt sich dem Wetter an: heute ist sie prächtig! Kein Wunder, meine Laune reagiert auf den Sonnenschein wie ein lange eingesperrter Vogel auf den sich öffnenden Käfig.

Dafür sind die Wege, nach einer Woche strömenden Regens, in einem entsetzlichen Zustand. Der Boden ist sehr lehmhaltig, also entsprechend wasserundurchlässig und nach den ausgiebigen Regenfällen aufgeweicht und schlammig. Für uns bedeutet das ein zähes und mühsames Vorwärtskommen, mehr eine Schlammschlacht als normales Gehen. Ich versinke manchmal bis zu den Knöcheln im Schlamm, bei jedem Schritt muß ich die Saugkraft des Lehms überwinden, was sich anhört, als hätte ein riesiges Pferd Dauerblähungen. Ajiz versinkt bis zu den Satteltaschen - wahrscheinlich wirken sie als Schwimmflügel - in Dreck, Füße und Bauch sind nicht mehr in schönem Schwarzweiß, sondern gelb-braun verkrustet.

Deshalb gehe ich auch heute bald dazu über, mit Hilfe der Karte - ich bin lernfähig! - meine eigene Route zu bestimmen, mit zunehmender Sicherheit und Selbstverständlichkeit. Trotz aller Vorbehalte ist unter diesen Bedingungen Asphalt eindeutig vorzuziehen.

Auf der Straße komme ich schnell voran, und weil ich heute erstens so früh aufgestanden und zweitens ohne Morgenwäsche und Frühstück aufgebrochen bin, stehe ich schon um 13 Uhr vor den Toren von *Toulouse,* besser gesagt auf einem Hügel am Ostende der Stadt. Bald darauf sitze ich barfuß im Gras, im Gaskocher wird das Wasser (aus der Wasch- und Toilettenanlage des Parks) für den Kaffee heiß, und ich genieße die erste richtige Sonne seit einer Woche in vollen Zügen. Eine warme, meinen ganzen Körper wohlig durchflutende Frühlingssonne - die Welt ist wieder in Ordnung!

Ein Mann, offensichtlich ein Angestellter der Gemeinde, sieht mich, wie ich mein spätes und wohlverdientes Frühstück in der Sonne zu mir nehme. Wahrscheinlich erinnert ihn dies daran, daß auch er eine Pause verdient hat, jedenfalls stellt er sein Wägelchen und seinen Rechen ab, mit dem er den Park sauberhält, und setzt sich zu mir.

Er ist nicht sehr gesprächig, hört mir aber aufmerksam zu, wie ich ihm von meiner Pilgerfahrt nach Santiago de Compostela erzähle. Ob ihm das überhaupt etwas sagt? Anscheinend doch, denn zum Abschied zieht er aus seiner Zigarettenschachtel 4 Gauloises und überreicht sie mir wortlos. Ich nehme an, er hatte einfach das Bedürfnis, mir etwas Gutes zu tun, mir seine Sympathie zu zeigen. Was er wohl von mir gedacht hat? Landstreicher? Kann schon sein, das Wort „pélerin“ schien ihm nicht viel zu sagen. Oder doch? Ist auch egal, auf jeden Fall denke ich noch lange an diese kleine, berührende Geste eines einfachen Menschen einem vollkommen Fremden gegenüber.

Bald bin ich in *Toulouse.* Es ist eine alte, schöne Stadt, vor allem für mich, an diesem traumhaften warmen Frühlingsnachmittag. In den Straßen, auf den Café-Terrassen, auf den Plätzen der Stadt sehe ich viele schöne Frauen in luftigen, eleganten Frühlingskleidern, und eine gefällt mir besser als die andere. Meine Augen freuen sich, ich habe ja schon seit einiger Zeit – ob das typisch für Pilger ist? – keine Frauen mehr gesehen. Da spüre ich schon, daß ich ziemlich alleine bin. Ob mein Anblick ihnen auch gefällt, ist eine andere Frage. In meiner Aufmachung komme ich mir jedenfalls vor wie ein Wesen von einem anderen Stern, absolut unpassend in dieser eleganten, städtischen, bürgerlichen Atmosphäre. Die Blicke mancher verraten mir, daß sie ähnlich denken. Ich sehe Neugier, Lächeln, aber auch Befremden, und einige Male höre ich auch, besonders von Halbwüchsigen, den Kommentar „Tierausbeuter“ (weil Ajiz ja Satteltaschen trägt). Ich schenke dem wenig Beachtung, wahrscheinlich ist das eh nur witzig gemeint, aber zum Bleiben habe ich keine Lust. Als Pilger scheint mich jedenfalls niemand zu identifizieren. Auch nicht vor der Kathedrale St. Sernin. Ein Besuch dieses prächtigen romanisch-gotischen Gotteshauses ist für jeden Jakobspilger Pflicht, stritten sich doch im Mittelalter Toulouse und Santiago darum, wer das echte Grab des Pilgerapostels beherberge. Da meine Ansicht, daß keine der beiden Städte diese Ehre für sich in Anspruch nehmen kann, nicht zählt, hat, wie hinlänglich bekannt ist, Santiago diesen Streit für sich entschieden. Was sicher – und darin ist wohl der Hauptgrund für den Zwist zu suchen – große ökonomische Vorteile für den Sieger mit sich brachte. Außerdem wäre meine Pilgerfahrt jetzt schon zu Ende, und das geht doch auch nicht! Toulouse zählt jedoch immer noch zu den wichtigsten Stationen des Jakobsweges überhaupt.

Da es in der Stadt keine Pilgerunterkunft gibt, gehe ich gleich weiter, um noch am Abend in *Colomiers* zu sein, zwölf Kilometer westlich von *Toulouse.* Am westlichen Stadtrand, bei einer Gänsefuß-Kreuzung (drei Abzweigungen), gehe ich wieder einmal falsch – ich könnte aus der Haut fahren! Diesmal gebe ich aber nicht nur mir selbst die Schuld, obwohl ich natürlich für meinen Weg – als Sinnbild meines Lebens – letztendlich immer alleine verantwortlich bin. Die Markierung ist, wie überhaupt in den Städten, inexistent, ein Einheimischer gibt mir auf meine Frage nach dem Weg nach *Colomiers* die falsche Auskunft, und es ist Spätnachmittag, das heißt, ich bin müde, und die Konzentration läßt nach. Wer immer auch schuld ist, die Konsequenzen sind fatal. Die sowieso schon mühsamen Kilometer auf der vielbefahrenen Ausfallstraße – und das zur Rush-hour – werden durch den beträchtlichen Umweg, zu dem ich nach dem späten Bemerken meines Irrtums gezwungen bin, zu einem wahren Alptraum. Ajiz leidet wahrscheinlich noch mehr, da seine Schnauze, von vornherein schon viel empfindlicher als meine Nase, sich unmittelbar auf Auspufftopfhöhe befindet. Wir setzen eigentlich nur mehr mechanisch Fuß vor Fuß, und ich versuche, nicht zuviel darüber nachzudenken, warum ich mir und Ajiz das antue – am Rande einer hochfrequentierten Schnellstraße zu gehen und aus den Autos heraus wie ein Außerirdischer angestarrt zu werden. Außer weitergehen gibt es, nüchtern betrachtet, eh keine Alternative. Autostoppen ist absolut zwecklos und hinsetzen und weinen, wozu ich große Lust habe, ebenso.

Es ist schon dunkel, als wir in *Tinturier,* dem Vorort von *Colomiers,* wo sich das Gîte befindet, ankommen. Ich hätte keine Energie und auch keine Chance, in dieser ausgedehnten Vorstadtsiedlung, wo alle Häuser und Straßen gleich aussehen, den Reitstall zu finden, der laut Führer Pilger über Nacht beherbergt. Und schon gar nicht in der Dunkelheit. Schließlich rufe ich von einer Telephonzelle aus im Reitstall an (zur Abwechslung einmal ein Lob auf den Führer, der in dieser Hinsicht gute Informationen liefert), um mich nach dem Weg zu erkundigen. Zu meiner riesengroßen Freude aber – ich hätte nie damit gerechnet – werde ich von einer freundlichen, jungen Frau, die im Reitstall arbeitet, mit dem Auto abgeholt! Das Gîte ist zwar nicht in Betrieb, aber ich werde trotzdem freundlich aufgenommen. Und Pilger schlafen hier gratis, wird mir vom netten, redseligen Chef des Reitclubs mitgeteilt. Das Haus, in dem ich schlafe, ist ungeheizt und hat kein Wasser (Wintersperre), aber eine Matratze und sogar ein Polster. Und ich kann kochen, also was will ich mehr?

Es ist schon eigenartig. Seit nunmehr einer Woche habe ich jeden Tag mit eher größeren Problemen zu kämpfen, vor allem mit dem absolut gräßlichen Wetter, aber nicht nur. Auf der Schwierigkeits-Skala würde ich die letzten Tage ganz oben einordnen. Und trotzdem, jeden Tag gab es auch Höhepunkte, vor allem Begegnungen mit Menschen – und manchmal mit der Sonne –, die mich die Mißlichkeiten sofort vergessen oder zumindest in einem viel milderen Licht sehen ließen. So wie jetzt. Ich bin zwar müde, fühle mich aber rundherum wohl. Vom Aufgeben kann gar keine Rede sein, und ich freue mich auf morgen!

Ich werde den Verdacht nicht los, daß daran mein Guter Geist des Weges schuld ist!

3. Kapitel

Hinein in den Frühling

Freitag, 10. März *Colomiers – L'Isle-Jourdain*
Zurück zur Normalität

Das gute Wetter hält an, Gott sei Dank! Es weht zwar immer noch ein scharfer Wind, zum Gehen ist das aber sogar angenehm. – Was aber wirklich stört – denn ohne geht es anscheinend nicht – ist die schon seit Tagen währende Schlammschlacht. Sobald der Weg auf eine Wiese oder ins Feld führt, und das ist recht häufig der Fall, versinken Ajiz und ich im Letten (seine vor Dreck starrenden Satteltaschen wasche ich eh nur mehr notdürftig). Ganz schlimm ist es, wenn vorher ein Traktor gefahren ist, was ich aber akzeptiere. Der Bauer muß ja aufs Feld, es ist seine Arbeit, davon lebt er – und wir auch.

Als Antwort auf die Schlammschwemme nehme ich mir mehr und mehr die Freiheit, meinen eigenen Weg zu gehen – paßt das auch als Metapher auf mein Leben? – und versuche nur, den markierten Weg nicht gänzlich aus den Augen zu verlieren. (Ja, das paßt auf mein Leben!)

Manchmal frage ich mich schon, was sich die „Jakobswegmacher" in Frankreich gedacht haben, als sie die Route festlegten. Mein Verdacht erhärtet sich langsam zur Gewißheit, daß der Weg – ein Weitwanderweg GR (= Grande Randonnée) – gar nicht für Pilger, sondern für Ein-Tages- oder Wochenendwanderer konzipiert wurde. Anders kann ich mir gar nicht erklären, warum heute z. B. die Markierung des Jakobsweges nicht einer Forststraße folgt, die einen riesigen Wald schnurstracks in Nord-Süd-Richtung durchschneidet, sondern einem kleinen Pfad, der denselben Wald im Zickzackkurs durchquert, dabei mehrmals die Forststraße schneidet, aber im Gegensatz zu ihr heute auf Grund des Schlammes und der stellenweise extrem tiefen Wasserlachen nicht passierbar ist. Und was mich am meisten stutzig macht: Dieser kleine Pfad kann unmöglich der historische Pilgerweg sein! Hier genießt eindeutig die Wanderer-Logik (= Pfade in schöner Landschaft) gegenüber der Pilger-Logik (= unversehrt und möglichst direkt nach Santiago zu gelangen) den Vorrang. Nachdem ich Pilger bin, ist die Entscheidung für mich klar, ich nehme die Forststraße. Eine Pilgerherberge, eine wichtige Kirche oder ein Wallfahrtsort, oder Gründe der Sicherheit (Brücke über einen Fluß, Fußweg statt Straße oder gar Autobahn) würden einen Umweg und auch einen Schlammweg rechtfertigen, aber so ...

Heute abend, in *L'Isle-Jourdain,* wird Henry zu mir stoßen. Er ist Katalane aus *Perpignan,* Jurist und Raumplaner, und wir kennen uns seit 15 Jahren. Er ist zwar überzeugter Atheist und überhaupt ein Zyniker, aber wir teilen einige Vorlieben miteinander, unter anderem das Wandern. So wird er mich auf der morgigen Etappe begleiten. Ich freue mich schon sehr darauf, das wird meine Pilgereinsamkeit etwas unterbrechen.

Noch vor 17 Uhr bin ich in *L'Isle-Jourdain,* und im Gemeindeamt wird mir ein Zimmer im Jakobshospiz zugewiesen. Das *Hospice St. Jacques* aus dem Mittelalter gibt es nämlich noch, nur ist es mittlerweile – einer seiner ursprünglichen Bestimmungen gemäß – zum Altersheim des Ortes geworden. Es steht jedoch auch Jakobspilgern für eine Nacht gegen Entgelt (55 Francs) zur Verfügung. Wieder bin ich erstaunt, wie lebendig in Südfrankreich die alte Tradition der Jakobspilgerschaft noch gehalten wird.

Henry ist ein Feinschmecker, und wir müssen unbedingt im Restaurant essen. Die Gegend sei ja für ihre Gänsespezialitäten bekannt, und das dürfe er sich auf keinen Fall entgehen lassen. Also ist es heute nichts mit meiner abendlichen Pilgersuppe, aber ich glaube, das kann ich verkraften. Henry lädt den armen Pilger ein, wir essen fein und ausgezeichnet. Hin und wieder ein Hauch von Zivilisation ist gar nicht so schlecht!

Dafür habe ich ihm einen Schlafplatz im Hospiz erschwindelt, er ist ja kein Pilger. Ein frischüberzogenes Bett, eine Tuchent, eine heiße Dusche, zum ersten Mal seit dem Hotel in *Avignonet!*

Samstag, 11. März *L'Isle-Jourdain – Gimont*
Zu Gast im Krankenhaus

Es ist jetzt der dritte (!) Tag, an dem es nicht regnet, ich kann mein Glück kaum fassen. Wind und Sonne haben ihre Arbeit getan, die Wege sind trockener, und wir drei kommen gut voran. Zum Frühstück gab es übrigens Milchkaffee und Croissants, ein Hoch den Klischees!

Ich habe mittlerweile schon knapp 500 Kilometer in den Beinen, Henry hingegen ist „normal" trainiert. Mir dessen bewußt habe ich für heute eine kürzere Etappe festgelegt, und diese Entscheidung erweist sich als goldrichtig. Schon nach zwei Stunden – wir sind erst gegen 10 Uhr aufgebrochen – fragt Henry nach der Mittagspause, und nur unter Aufbringung all meiner Überredungskünste kann ich ihn davon überzeugen, daß es sinnvoller ist, in jeder Hinsicht, physisch und mental, noch *vor* der Mittagspause etwas mehr als die Hälfte der Tagesstrecke zurückzulegen. Man gehe dann, bildlich gesprochen, nach der Rast „bergab".

Die von Henry lange herbeigesehnte Rast hat es dann ordentlich in sich. Er hat ein komplettes Menü mitgebracht: Wein aus der eigenen Produktion, Schinken, katalanische Blutwurst, Brot, Käse, Pâté, Obst. Wir sitzen am Wegrand in der Sonne, schlemmen, was das Zeug hält, und erfreuen uns unseres Daseins. Ein kleines Verdauungsschläfchen – Henry besteht darauf – verlängert die Mittagspause bis in den frühen Nachmittag, und nachher tun wir uns einigermaßen schwer, unseren Gehrhythmus wiederzufinden. Wenn Fasten, dann Fasten, wenn Rebhuhn, dann Rebhuhn, denke ich mir mit der heiligen Theresia von Avila, aber in dieser Art meine gesamte Pilgerfahrt zu bestreiten, kann ich mir ganz und gar nicht vorstellen. Unser beider Zugänge zum Pilgern sind doch meilenweit voneinander entfernt.

Apropos. Da die heutige Etappe die bisher kürzeste ist – 22 Kilometer, sonst waren es fast immer über 30 Kilometer –, kommen wir trotzdem noch so zeitig in *Gimont* an, daß sich vor der Suche nach einem Schlafplatz sogar noch ein gemeinsames Bier im Bistro ausgeht.

Laut Führer gibt es in *Gimont* keine Unterkunftsmöglichkeit für Pilger, aber ich versuche es trotzdem. Sowohl der Barkeeper als auch nachher der Pfarrer verweisen mich an das örtliche Krankenhaus. Und tatsächlich, Durchreisende – also nicht nur Pilger, sondern auch Landstreicher und anderes Straßenvolk – werden für eine Nacht kostenlos untergebracht und verpflegt. Man muß nur, damit die Verwaltung nicht aufbegehrt, ein ärztliches Schreiben vorweisen, das bestätigt, daß man das Krankenhaus aus gesundheitlichen Gründen aufgesucht hat. Wozu ohne jegliche Fragen auch jeder Arzt im Ort bereit ist. In meinem Fall ist es die Ärztin des Krankenhauses selbst, die, ohne mich zu sehen, nur auf der Grundlage meines Personalausweises, den ich hinterlasse, während ich vor Geschäftsschluß noch schnell einkaufen gehe – morgen ist ja Sonntag – das Papier ausstellt. Ich weiß übrigens bis heute nicht, welcher Krankheit ich die Einweisung in dieses vorzügliche Quartier verdanke – wahrscheinlich Auszehrung und Erschöpfung.

Bei meiner Rückkehr vom Supermarkt treffe ich die Ärztin noch kurz, und es stellt sich heraus, daß sie den Verfasser meines Führers, den ich so oft verflucht habe, persönlich kennt. Es ist ein über 1,90 Meter großer Amerikaner, ein fanatischer Wanderer, dessen normale Gehgeschwindigkeit weit über der eines Durchschnittsmenschen liegt. Da habe ich die Erklärung für die oft wahnsinnig kurzen Zeitangaben! Sie möge ihm doch bitte von einem leidgeprüften Pilger schöne Grüße und einige Verbesserungsvorschläge für den Führer ausrichten.

Es ist Abend, ich bin untergebracht, und Henry müßte eigentlich den Zug zurück zum Auto nehmen, das er in *l'Isle-Jourdain* gelassen hat. Da macht er mir noch einen verlockenden Vorschlag, den abzulehnen mir äußerst schwerfällt: „Gehen wir doch noch gemeinsam abendessen, ich lade dich ein, ich zahle dir auch das Hotel. Und ich fahre erst morgen früh nach einem gemeinsamen Frühstück mit dem Zug zurück!“ Sehr verlockend! Nach so vielen Nächten, auf Bänken und aufgebockten Türen, am Steinboden, in der Kälte, ohne Möglichkeit zu duschen. Aber dann gewinnt doch der Pilger in mir Oberhand. Ich möchte mein Pilgerdasein so konsequent wie möglich leben, und dazu gehören eben auch die Einfachheit und die Abhängigkeit von der Gastfreundschaft anderer. – *Dankbar nehmen lernen.*

Gerade hier, im Krankenhaus von *Gimont,* empfinde ich diese Tradition der Gastfreundschaft mir als Pilger gegenüber so mittelalterlich-archaisch (sie stammt tatsächlich aus dem Mittelalter), daß es mir als Bruch mit meiner selbstgewählten (und selbstdefinierten) Pilgerexistenz erscheinen würde, sie nicht anzunehmen. Sogar Ajiz kommt in den Genuß dieser außergewöhnlichen und herzerwärmenden Gastfreundschaft. Nach Anweisung des Krankenhausdirektors darf er nicht ins Haus, er muß erst einmal im Hof bleiben – an der Leine! Voller Bedauern teilen mir dies die Krankenschwestern mit, und mir fällt es irrsinnig schwer, mich von ihm zu trennen. Das erste Mal, seitdem wir – vor 17 Tagen – aufgebrochen sind. Er versteht überhaupt nicht, was da vor sich geht, ich höre ihn draußen verzweifelt bellen und jaulen. Aber um 22 Uhr ist Schichtwechsel, auch der Direktor geht einmal nach Hause. Wir beide tun dem Nachtpersonal so leid, daß es beschließt, den Weisungen des Direktors zuwiderzuhandeln und Ajiz bei mir im Zimmer schlafen zu lassen. Zu diesem Zweck wird extra ein Waschraum geputzt und hergerichtet, ein Bett für mich hineingeschoben, und so haben wir, ganz für uns alleine, ein Zimmer mit Klo und Dusche (Klo und Dusche sind natürlich nur für mich interessant). Und um das Glück vollzumachen, wird mir noch ein warmes Abendessen serviert! Ein bißchen schlechtes Gewissen rührt sich noch in mir, weil ich Henrys Einladung abgelehnt und ihn sozusagen alleine gelassen habe. Aber die Freude darüber, diese Erfahrung machen zu dürfen, überwiegt bei weitem. Der Jakobsweg hat mir zwar nichts versprochen, dafür hält er aber alles – es ist toll!

Sonntag, 12. März *Gimont – Auch*
Ajiz' Geburtstag

Diese wunderbare Gastfreundschaft findet beim Frühstück ihre Fortsetzung. Croissants „à volonté"! Wenn ich wollte, könnte ich mich damit vollstopfen, aber ich lasse es bei drei bewenden. Ajiz bekommt sein Geburtstagsfrühstück – heute wird er fünf Jahre alt – Milch und zwei Croissants, die Schwestern sind ganz verliebt in ihn. Die Schwester vom Vortag, von der ich den Tip mit der ärztlichen Bestätigung bekam, ist auch wieder da und begrüßt uns freudig. Sie war am Abend nach Hause gegangen und hatte sich von dort noch telephonisch vergewissert, ob wohl alles geklappt habe.

Ganz rührend ist für mich mit anzusehen, wie die Insassen des Krankenhauses – es sind Alte und Behinderte –, mit denen ich im Speisesaal frühstücke, auf Ajiz reagieren. Jeder will ihn berühren und streicheln, sie lachen und strahlen übers ganze Gesicht, stellen mir Fragen über ihn, sind glücklich, jemanden zu haben, dem sie die Zärtlichkeit, die sie selbst wahrscheinlich sehr vermissen, entgegenbringen können. Ich sehe, wie sinnvoll es ist, den Insassen von Alters- und Pflegeheimen die Haltung von kleinen Haustieren zu gestatten. Ein paar solcher Häuser gibt es ja Gott sei Dank schon.

Zum Abschied bekomme ich aus der Küche noch ein Riesensandwich mit Schweinsbraten, dazu Käse und Obst, als Jausenpaket mit auf den Weg. Herz, was begehrst du mehr! Obendrein verläuft der Tag so, wie er begonnen hat. Es herrscht fast sommerliches Wetter, und der Weg ist beinahe trocken – endlich! Er führt uns durch eine sanfte, leicht gewellte, von Äckern, Rainen und Bächen durchzogene Landschaft, hin und wieder kommen wir an einem Gehöft oder einem kleinen Weiler vorbei.

Das sonn- und geburtstägliche Mittagessen wird bei strahlendem Sonnenschein in bukolischer Landschaft am Ufer eines kleinen Bächleins eingenommen, der Schweinsbraten natürlich mit Ajiz geteilt. Die 30 Kilometer nach *Auch,* der Hauptstadt des Departements *Gers,* 24.000 Einwohner, vergehen wie im „Flug“, schon vor 17 Uhr stehe ich vor der beeindruckenden gotischen Kathedrale. Drinnen werde ich von einer Dame sofort als Jakobspilger identifiziert, sie verkauft für die Pfarre Ansichtskarten vom und Eintrittskarten für das berühmte Chorgestühl der Kathedrale. Von ihr bekomme ich den ersten Stempel in mein Reisetagebuch und gleich auch eine Einladung zum Mittagessen für den nächsten Tag in *Barrán,* das 18 Kilometer nach *Auch* liegt. Sie beherbergt und verköstigt seit zwei Jahren Jakobspilger und gehört damit zu jener wachsenden Gruppe von Privatleuten, die auf eigene Initiative und ohne jeglichen Auftrag die Tradition der Gastfreundschaft Pilgern gegenüber wiederbeleben!

Ich könnte auch bei ihr übernachten, aber heute, nach 30 Kilometern, ist es mir bis *Barrán* doch zu weit und für morgen zu nahe. Außerdem nimmt die Pfarre von *Auch,* laut Führer, Pilger über Nacht auf. Der Pfarrer ist nicht da, laut Auskunft soll er um 19 Uhr kommen. Ich nutze die Zeit und das milde, frühlingshafte Wetter für einen Rundgang durch die mittelalterlichen Straßen. *Auch* ist der Hauptort der *Gascogne,* bekannt für ihre Gänseleberpastete und ihren berühmten Sohn, den Musketier D'Artagnan. Er thront in Überlebensgröße auf einem Sockel im Park hinter der Kathedrale.

Die Stimmung könnte nicht besser sein. Voller Zuversicht und Vorfreude warte ich auf den Pfarrer, der sicherlich mindestens genauso gastfreundlich ist wie alle Gascogner, die ich gestern und heute kennengelernt habe. Doch dann kommt die eiskalte Dusche: Er entpuppt sich als grantiger, unfreundlicher und abweisender Mensch, dessen Absicht es nie im Leben gewesen war, Pilger bei sich übernachten zu lassen. Im Gegenteil, er hat die Nase voll von all den Typen, die daherkommen und sich auf die Information im Führer berufen, sein Pfarrhaus sei ein Pilgerquartier. Man habe ihn nie gefragt, das sei eine Schweinerei, die Pilger seien ihm wurscht und ich solle mich quasi zum Teufel scheren. Ich als Pilger zum Teufel? Ich bin sprach- und ratlos, denn mit so einem Empfang hatte ich niemals gerechnet. Was nun? Die freundliche Dame aus Barrán ist schon lange weg, und die Nacht bricht langsam herein.

Die Jugendherberge liegt am Stadtrand, am Telephon antwortet nur die Maschine, also geh' ich hin, man kann ja nie wissen. Umsonst. Ein ähnlich unfreundlicher Typ wie der Pfarrer – wird *Auch* vielleicht gerade von einer Seuche heimgesucht? – informiert mich, daß die Jugendherberge eigentlich gar nicht mehr in Betrieb ist. Ach so. Wo soll ich schlafen? Weiß nicht.

Also wieder zurück in die Stadt. Im billigsten Hotel verlangen sie etwa 400 Schilling. Mit Sicherheit versucht der Besitzer, meine offensichtliche Notlage auszunützen und schiebt als Erklärung für diesen total überhöhten Preis den Umstand vor, daß eine Übernachtung mit Hund eben teurer sei. Nicht mit mir!

Mittlerweile ist es 21 Uhr geworden, ich bin todmüde und habe nun meinerseits die Nase voll. Da es ein lauer Frühlingsabend ist, beschließe ich, dem D'Artagnan im kleinen Park für diese Nacht Gesellschaft zu leisten. Unter einem kleinen Baum, etwas geschützt vor den Blicken von etwaigen Nachtschwärmern, schlage ich mein Biwak auf. Noch eine kleine Jause, ein Becher Rotwein, ein letzter Gutenacht-Gruß hinüber zu D'Artagnan – also schlafe ich doch noch in guter Gesellschaft! –, und ich wickle mich für eine kurze Nacht in meinen Schlafsack. Die Kälte weckt mich immer wieder, und auch Menschen, die wenige Meter von uns entfernt anscheinend während der ganzen Nacht durch den Park schlendern, lassen Ajiz und mich immer wieder aus dem unruhigen Schlaf hochschrecken. Aber auch diese Nacht hat ein Ende.

Montag, 13. März — *Auch – Montesquiou*
Gastfreundschaft

Ein Croissant und Café au Lait am Hauptplatz vertreiben den letzten Rest Müdigkeit aus mir, ein Blick in die Tageszeitung informiert mich darüber, daß die Welt noch existiert, exzellent ohne mich auskommt und ich überhaupt nichts versäume, und ich bin bereit für einen neuen Pilgertag. Es ist ein feiner Tag zum Wandern – bedeckt, frisch, eine leichte Brise und kein Regen!

Um 12 Uhr, fast auf die Minute genau, komme ich zu meinem „Rendezvous" nach *Barrán*. Bei gutem – und leichtem – Essen und bei angeregter Unterhaltung, naheliegenderweise über den Jakobsweg im allgemeinen und über die feindselige Haltung des Pfarrers von *Auch* im besonderen, vergeht die Zeit wie im Fluge. Es ist schon 15 Uhr, als ich nach *Montesquiou*, meinem Tagesziel, aufbreche. Jeannine, meine Gastgeberin, wußte wohl, was einem Pilger zu Mittag wohltut, das Essen nicht zu schwer, der Wein nicht zu stark, ich habe jedenfalls keine schweren Füße. Sie ist eine freundliche, aufgeschlossene und interessierte Frau, die auf ihre „alten" Tage (sie ist 63) noch Deutsch lernt und vom Oktoberfest schwärmt. Na ja.

Über ihre Gastfreundschaft nimmt sie aktiv teil an der uralten Tradition des Pilgerweges, das macht ihr große Freude und hält sie jung. Eine andere Tradition will – das erfahre ich von Jeannine –, daß ich all jenen, deren Gastfreundschaft ich in Anspruch nehme, aus Santiago eine Postkarte schicke. Ich werde es gerne tun.

Am Nachmittag habe ich wieder mehr mit dem Schlamm zu kämpfen, und zum wiederholten Male ärgere ich mich über die Motocrossler, deren Spuren ich heute schon den dritten Tag verfolge. Anscheinend haben da wirklich zwei Typen eine lange Strecke des GR mit ihren Maschinen befahren und mit den dicken Stollen ihrer Reifen den vom Regen der Vorwoche noch nassen Lehmboden in eine für den Fußgänger äußerst unangenehme, manchmal bis zu den Knöcheln reichende Schlammwüste verwandelt. Obwohl an allen Gattern nicht zu übersehende Verbotsschilder für Motorräder angebracht sind! Aber auch das ist Frankreich: „Je m'en fous", auf gut deutsch „Ich scheiß' drauf", ist eine hier häufig anzutreffende Reaktion auf alles, was nach Regeln oder Verbot riecht.

Noch mehr aber ärgere ich mich – und auch das nicht zum ersten Mal – über die Zeitangaben im Führer, die ich für einen hellen Wahnsinn halte.

Der Autor meines Führers, dieser 1,95 Meter große Ami – oder war er nur 1,90 Meter groß? Ist mir auch sch... Dieser fanatische Geher, wie mir die Ärztin in *Gimont* erzählt hat, wollte anscheinend einen neuen Rekord für die Strecke von *Isle de Noë* bis *Montesquiou* aufstellen, für die ein anderer Wahnsinniger 1½ Stunden angeschrieben hatte, wie ich einem Schild am Ortsausgang von *Isle de Noë* entnehme. Und das für eine Strekke von etwa acht Kilometern, hügelig, ständig bergauf, bergab! Das bedeutet einen Schnitt von knapp unter sechs Stundenkilometern, mit einem schweren Rucksack! Die Zeitangabe im Führer für dieselbe Strecke ist 1:27 Stunden – also drei Minuten weniger ... Ich gehe meinen gewohnten Schritt, vielleicht sogar etwas schneller, aber ich brauche fast zwei Stunden. Ich kann gut damit leben, daß ich die Rekordzeit nicht unterboten habe, ein Wettlauf nach Santiago soll meine Pilgerfahrt wirklich nicht werden, aber es ist wahnsinnig frustrierend, wenn man laut Wegbeschreibung im Führer gleich zu einem bestimmten Orientierungspunkt kommen sollte und dieser nicht und nicht kommt!

Im Führer sind die Zeitangaben immer mit einem markanten Punkt in der Landschaft kombiniert, damit die Orientierung leichter fällt. („... nach dem Ortsschild nach 100 m Feldweg nach NO, nach 12 Minuten freistehende Eiche links vom Weg, von dort ...“) Im Prinzip eine vernünftige Sache, es erleichtert die Orientierung, ermöglicht die permanente Überprüfung des Standortes und ist vor allem dort wichtig, wo die Route eher dürftig markiert ist. Aber wenn die besagte Eiche nach 15 statt der angegebenen 12 Minuten noch nicht einmal am Horizont auftaucht, beginne ich natürlich an der Richtigkeit des eingeschlagenen Weges zu zweifeln. Und das passiert immer wieder. Wenn ich diesen langen Lulatsch treffe, der sich auf der heutigen Etappe ausgetobt hat und anscheinend glaubt, alle gehen so schnell wie er, werde ich ihm einmal deutlich die Meinung sagen!

Am Ende des Tages, bei meiner Ankunft in *Montesquiou,* werde ich aber für den Ärger mehr als entschädigt: Die Ankunft und Aufnahme bei den Phiquepals, einer alten, ehrwürdigen, gutkatholischen Landadelfamilie, auf ihrem Gut ist einzigartig und läßt mich schlagartig den amerikanischen „Hetzer“ vergessen. Jeannine hatte mich von *Barrán* aus schon telephonisch angekündigt, Name und Telephonnummer der Phiquepals stehen in meinem Führer (er hat auch seine guten Seiten, das gebe ich gerne zu). Sie erwarten mich schon, vergewissern sich noch, daß ich auch wirklich ein Pilger bin – das sieht man eigentlich, aber sie fragen mich trotzdem –, und verwöhnen mich dann wie in einem Luxushotel. Ich weiß zwar nicht, nach welchen Kriterien sie entscheiden, ob jemand ein echter Pilger ist, aber ich verstehe sehr gut, daß sie nicht von als Pilgern getarnten Touristen als Gratisbleibe mißbraucht werden wollen.

Zimmer mit Himmelbett und Dusche, Mineralwasser auf dem Tisch, Heineken aus dem Kühlschrank, ausgezeichnetes Abendessen, angenehme und interessante Unterhaltung mit dem Ehepaar Phiquepal und einem weiteren Gast, einem alten Freund der Familie, schließen den Tag mit einem „broche de oro“ (span.), einem „Goldenen Pinselstrich“ ab.

Auch Ajiz wird nach Strich und Faden verwöhnt, und er hat Gelegenheit, sich einmal richtig den Wanst vollzuhauen. Madame Phiquepal taut extra für ihn Truthahnfilet aus der Tiefkühltruhe auf, dazu gibt es noch Reis für Herrn Ajiz. Er hat sich's aber auch wirklich verdient!

Der Jakobsweg zeigt sich von seiner besten Seite, die Enttäuschung von *Auch* ist mehr als wettgemacht.

Am Abend vor dem Schlafengehen sehe ich mich zum ersten Mal seit drei Wochen im Spiegel. Fast erkenne ich den schlanken Jüngling nicht, der da vor mir steht! Da sind ja schon einige Kilos verschwunden!

Dienstag, 14. März *Montesquiou – Marciac*
Schon wieder diese Motocrossler!

Das Frühstück – wie könnte es auch anders sein – ist exzellent, die Plauderei wie schon am Vorabend angeregt und interessant, und es wird 10 Uhr, bis ich endlich aufbreche. Bin ich ein Plauschkopf oder war ich in den letzten drei Wochen einfach zu viel alleine?

Vorher mache ich aber noch einen kurzen Besuch bei Abbé Bernés, dem Nachbarn der Phiquepals. Er hat einen der ersten Führer über den spanischen „Camino de Santiago" verfaßt, ist sozusagen ein Experte und alter Hase. Und außerdem ein netter, alter Herr, der sich sehr über Pilgerbesuch freut.

Der Tag verläuft harmonisch, die Etappe ist kurz – 21 Kilometer –, sonnig und landschaftlich reizvoll: Hügel, Felder, kleine Wäldchen, Wiesen, Bäche (= Schlamm!) und leider immer noch – sozusagen als Wermutstropfen in diese Pilgeridylle – die Spuren der Motocross-Idioten. Ich hoffe nur, sie sind nicht auch auf dem Weg nach Santiago!

In *Marciac* bietet der „Secours Catholique", die französische Caritas, Pilgern und anderen Tipplern ein einfaches Quartier an: Bett, Kochplatte, Heizung, Klo und Waschbecken. Und zu meiner Riesenüberraschung auch einen Gutschein im Wert von 40 Francs, zum Einkaufen von Lebensmitteln im Ort. Das nenne ich Nächstenliebe!

Das Quartier ist ähnlich wie in *Revel*, aber viel sauberer! Ein älteres Ehepaar schaut darauf, sie bringen mir sogar frische Bettwäsche und Handtücher. Der heilige Jakob soll es ihnen lohnen!

Mit den 40 Francs gehe ich gleich einkaufen und bereite mir zur Feier des Tages ein Festessen. Wenn ich so zurückblicke, überwiegen eigentlich die „Feiertage", und Schlamm, Wind, Kälte, Regen und Schnee verblassen zu einer schwachen Erinnerung.

Heute habe ich den Rhythmus der ersten Tage wieder verspürt, an denen ich fast wie in Trance unterwegs war. Wahrscheinlich, weil der Streß mit dem Weg, besser gesagt mit dessen miserablem Zustand, nachläßt und das Wetter zum Gehen wirklich ideal ist.

Wahrscheinlich haben die Motocross-Fahrer nur die Aufgabe, mich immer daran zu erinnern, daß ich mich auf einer Pilgerfahrt befinde, und mich am totalen Abheben zu hindern.

Es ist erstaunlich! Jetzt bin ich schon drei Wochen unterwegs, habe erst einen Ruhetag eingelegt, lege täglich im Schnitt etwa 30 Kilometer zurück, manchmal unter schwierigen klimatischen Bedingungen, und habe gesundheitlich noch überhaupt keine Probleme gehabt. Keine Blasen, keine Zerrung, keine Sehnenscheidenentzündung, nicht einmal Muskelkater oder Krampf! Auch der Bandscheibenvorfall, den ich vor fünf Jahren hatte und damals nicht operieren ließ, bereitet mir keinerlei Beschwerden. Meine Gehwerkzeuge funktionieren ausgezeichnet, obwohl sie wie noch nie vorher in meinem Leben beansprucht werden. Das verdanke ich sicher meinen Schuhen, festen knöchelhohen Trekkingschuhen aus Leder, mit einer „Hochwasserlinie“ vier Zentimeter über der Sohle, aber auch dem Training, das ich mir in der Vorbereitung auf das Projekt „Jakobsweg“ habe angedeihen lassen: lange Märsche, bewußt in schnellerem Tempo, bewußt auch – teilweise – ohne Proviant oder Wasser, manchmal vier bis fünf Stunden ohne Pause. Das macht sich jetzt sehr bezahlt. Zwischen Aufbruch in der Früh und Mittagspause mache ich kaum einmal Rast, gehe so an die vier Stunden durch und bringe damit meistens mehr als die Hälfte der Tagesstrecke hinter mich, die ich am Abend vorher festgelegt habe. Wenn es das Wetter erlaubt, gehe ich so lange, bis ich einen wirklich schönen Platz finde – eine mit Blumen übersäte Wiese, eine mächtige Eiche, ein Bächlein, eine Bank an einem Brunnen ... und dann wird ausgiebig genossen. Die Landschaft, die Ruhe, der Frieden und natürlich die wohlverdiente Jause, die meistens aus Wein, Brot, Wurst, Käse und Obst oder einem Keks zur Nachspeise besteht. Die von Schuhen und Socken befreiten Füße atmen tief durch, und zum krönenden Abschluß verschreibe ich mir – oder besser gesagt: uns, denn auch Ajiz weiß diese zu schätzen – eine erholsame Siesta. Diesermaßen an Leib und Seele gestärkt, nehme ich den Rest des Tages - meistens - gutgelaunt in Angriff.

Wichtig ist auch, daß es mir mental gutgeht. Ich fühle mich motiviert und habe Vertrauen in mich, meine Ausdauer, meine Widerstandskraft; aber auch das Vertrauen in meine Umwelt – Mensch, Tier, Wetter – ist unerschütterlich. Daher habe ich auch meine Einsamkeit, die übrigens nur relativ ist, Ajiz ist ja nicht niemand, bisher nicht als belastend empfunden.

Sicher, es gab Momente der Krise, doch diese hingen meistens mit dem Weg, dem Wetter oder beidem zusammen, und ich überwand sie in der Regel mit Fluchen und/oder zusammengebissenen Zähnen. Dazu kommt, daß ich sowohl für Kälte als auch für Nässe gut ausgerüstet bin und deshalb, auch wenn ich herzhaft fluche, eigentlich nicht richtig darunter leide.

Mittwoch, 15. März *Marciac – Bentayou-Serré*
Der Pilgerstock

Der Tag beginnt kalt, windig, bedeckt. Nicht gerade optimal, aber zum Gehen okay. Ich komme schnell vorwärts, ziehe mit Erfolg meine eigene Linie – mit immer größerer Sicherheit und Selbstverständlichkeit – und bin gut unterwegs. Landschaftlich ist die Gegend nicht besonders reizvoll, seit Tagen schon wechseln sich Äcker, Entwässerungsgräben und nur hin und wieder kleine Wäldchen ab. Aber erstens bin ich kein Tourist und zweitens sieht man bei dem Wetter ohnehin nicht viel. Wenn ich mir nicht vorgenommen hätte, nach Santiago zu gehen, wäre ich hier nicht tagelang unterwegs. Von wegen „der Weg ist das Ziel"! Ohne mein Ziel würde ich diesen Weg nie auf mich nehmen.

Ab 13 Uhr beginnt es dann noch ordentlich zu wascheln. Zu allem Überdruß wird auch die Markierung äußerst schlecht bzw. inexistent und der Weg immer sumpfiger. Ich fluche wieder einmal, stapfe verbissen vor mich hin, beschließe aber, trotz des Sauwetters nicht zu dem im Führer vorgeschlagenen Etappenziel (wieder einmal ein „Centre Equestre" – schon das dritte!) zu gehen. Ich spare mir diese 1½ Stunden Umweg durch sumpfiges Gelände und bleibe auf der kleinen, zwar asphaltierten, aber praktisch verkehrsfreien Straße. Dadurch werde ich weniger naß, spare Zeit und kann für den morgigen Tag schon ein Stück „vorgehen". Ich vertraue darauf, daß ich trotzdem einen trockenen Schlafplatz finde, der gute Geist des Jakobsweges hat mich bisher ja noch nie im Stich gelassen. Die Gegend ist zwar ziemlich einsam, nur einige Bauernhöfe säumen hin und wieder den Weg – im Grunde bin ich also ganz schön leichtsinnig, ausgerechnet bei einem solchen Sauwetter auf den heiligen Jakob zu setzen, aber wie gesagt, mein Vertrauen ist groß ... Und tatsächlich, nach einigem Suchen und Herumfragen – so einfach geht es nun ja auch wieder nicht – finde ich Quartier bei einem sehr netten Bauernehepaar in der Scheune. Ich schlage gerade mein Nachtlager im trockenen Stroh auf – ich freue mich auf diese Nacht –, natürlich mußte ich versprechen, nicht zu rauchen und kein Feuer zu machen, da kommt der Bauer, bringt mir einen alten Militärmantel als Schlafunterlage und lädt mich zum Aufwärmen auf einen Kaffee zu sich ins Haus. Er sperrt sogar seine Hunde in die Garage, damit auch Ajiz mitkommen kann! Nun, aus dem Kaffee wird ein Abendessen (ich muß meinen Proviant draußen in der Scheune wieder in den Rucksack packen) und ein außerordentlich gemütlicher und feiner Abend mit den Bauersleuten. Auch Ajiz kommt nicht zu kurz, er wird – wieder einmal – nach Strich und Faden verwöhnt. Das Phänomen, wie er wildfremde Menschen immer wieder und in kürzester Zeit „erobert", versetzt mich nur noch in Staunen ...

Wie überall bisher ist das Interesse für meine Pilgerreise sehr groß, ich werde mit Fragen richtiggehend gelöchert und muß viel erzählen. Nichts tu ich lieber als das! Mein Bericht über den Jakobsweg ruft im Bauern eine ferne Erinnerung wach. Er verläßt die Küche und kommt mit einem unscheinbaren, vollgeschriebenen Schulheft zurück, das ihm der alte, mittlerweile verstorbene Pfarrer geschenkt hatte. Und es entpuppt sich als äußerst wertvolle Dorfchronik, die der Pfarrer in den vielen Jahren seines Wirkens zusammengestellt hatte! Der Bauer blättert darin, bis er den Bericht von drei Männern aus dem Dorf findet, die im 17. Jahrhundert zu einer Pilgerfahrt nach Santiago de Compostela aufgebrochen waren. Nach ihrer Rückkehr, die übrigens viel schwieriger als der Hinweg war und um einiges länger gedauert hatte - ihnen war das Geld ausgegangen und jeder mußte sich irgendwie, mit Gelegenheitsarbeiten oder Betteln, alleine nach Hause durchschlagen - bewahrte einer der drei seinen Pilgerstock auf. Dieser wurde bald zum Ziel einer kleinen, lokalen Wallfahrt, die Leute kamen, um den Stock, der in Santiago gewesen war, zu berühren und den Apostel Jakobus um eine Gnade zu bitten. Der Stock war mittlerweile so wertvoll geworden, daß ihn die drei Söhne des Pilgers nach dessen Tod in drei Teile schnitten, weil keiner auf die wertvolle Reliquie verzichten wollte.

Ich sitze da und bin ganz baff. Wieder einmal habe ich das starke Gefühl, daß sich in 1000 Jahren nichts geändert hat und daß ich genauso ein Pilger bin wie die drei aus der Chronik und daß ich als Pilger für die Leute, die mich aufnehmen, etwas Besonderes bin. Ein Erzähler, ein Überbringer von Gebeten und Bitten nach Santiago, ein Vermittler, ein Bote ...

Als ich am späten Abend in mein Strohbett krieche, sehe ich, daß es zu regnen aufgehört hat und der Himmel sternenklar ist. Ein gutes Zeichen für morgen! Ein letzter Gruß zum fast vollen Mond und zu „meinem“ Sternbild Orion (der Jäger mit seinen Hunden!), und zufrieden schlafe ich ein.

Donnerstag, 16. März *Bentayou-Serré – Pau*
Die Pyrenäen in Sicht!

Die Zeichen haben gestimmt, nach dem letzten Guß in den frühen Morgenstunden herrscht jetzt ein wunderbar klares

Wetter, der Tag schreit geradezu nach Gehen! Ein Café au Lait mit den Bauersleuten, Adressen haben wir gestern schon ausgetauscht, und ab geht der Pilger. Ajiz würde gerne bleiben und noch stundenlang mit den Hunden von Monsieur Passinelli im Hof spielen. Er drückt sich eng gegen den Hasenkäfig, damit ich ihm die Satteltaschen nicht umhängen kann, aber es hilft nichts, schließlich bin immer noch ich der Chef! Aber das Gehen in der frischen, klaren Morgenluft macht auch ihm Spaß, und nach einer Weile trottet er in seinem gewohnten Gang wieder vor mir her. Der Vorsprung, den ich gewonnen habe, indem ich das „Centre Equestre" links liegenließ, verkürzt die für heute geplante Etappe beträchtlich, und bei dem schönen Wetter kommen wir außerdem sehr gut voran. Die ohnehin schon ausgezeichnete Stimmung steigert sich noch zusätzlich, als ich, zum ersten Mal seit Toulouse, wieder die schneebedeckten Gipfel der Pyrenäen vor mir sehe, und zwar beträchtlich näher als beim letzten Mal. Das heißt, wir kommen tatsächlich vorwärts!

Schon am frühen Nachmittag sind wir am Ziel der heutigen Etappe, in *Morlaas.* Die Frage nach einem Pilgerquartier im Pfarrhaus wird zwar abschlägig beantwortet, aber ich erfahre, daß der „Secours Catholique" in *Pau,* nur zehn Kilometer weiter, Pilger über Nacht beherbergt. Da ich schon gute Erfahrungen mit der französischen Caritas in *Marciac* gemacht habe und es außerdem noch so früh ist, beschließe ich, die zwei Stunden Fußmarsch auf Asphalt noch anzuhängen.

In der angegebenen Pfarre Ste. Bernadette in *Pau* weiß der Pfarrer nichts vom Secours Catholique, und Pilger habe er noch nie beherbergt, er wisse gar nicht wo. Da hat mich also der Pfarrer von *Morlaas* offensichtlich angelogen, wahrscheinlich, um mich auf elegante Art loszuwerden! Ich bin ratlos und ziemlich verärgert. Jetzt habe ich – voller Zuversicht – extra die zwei Stunden Umweg auf mich genommen, noch dazu auf einer scheußlichen und stark befahrenen Straße, und nun das! Was tu ich jetzt in der doch relativ großen Stadt? (Pau ist Departement-Hauptstadt und liegt an sich nicht auf dem

Jakobsweg.) Ich mach' das dem – unschuldigen – Pfarrer auch klar, und er ist so nett und telephoniert herum, bis er schließlich einen Schlafplatz in einer Pfarre findet, die von den Prämonstratensern betreut wird. Er bringt mich sogar noch im Auto hin!

Und wieder wendet sich alles zum Guten, fast überrascht es mich gar nicht mehr! Ich werde äußerst (gast)freundlich aufgenommen, esse mit den Patres zu Abend, auch Ajiz wird wieder üppig verpflegt, nachdem der hauseigene Hund in den Garten verbannt worden ist, damit es nicht zu Platzhirschkonflikten zwischen den beiden Rüden kommt. Er frißt seine Schüssel leer, schläft aber gleich wieder weiter. Ich glaube, er hat letzte Nacht sehr wenig geschlafen, mehrmals bin ich vom Lärm der im Hof spielenden Hunde aufgeweckt worden.

Heute ist mir etwas ganz Blödes passiert: Beim Metzger in *Morlaas*, wo ich Fleisch für Ajiz gekauft habe, habe ich meinen Pilgerstock stehengelassen! Bemerkt habe ich es aber erst über eine Stunde später, fast schon am Stadtrand von Pau, auf jeden Fall zu spät zum Umkehren. Interessant ist, wie ich es bemerkt habe. Während des Gehens spürte ich, daß irgend etwas anders war als gewohnt. Erst nach längerem Nachdenken bzw. -spüren kam ich darauf, daß ich beide Hände frei hatte, mir das vertraute Gewicht des Stockes in einer Hand und das *Tok* bei jedem vierten Schritt abging! So lange bin ich nun schon unterwegs, daß mein Körper Veränderungen, die mit meiner neuen Lebensform, dem Gehen, zu tun haben, schneller registriert als mein Bewußtsein ... Also das ist klar: Ohne meinen Haselnußstock – geschnitten auf der Hungerburg oberhalb von Innsbruck – gehe ich auf keinen Fall weiter! Morgen früh werde ich sehen, wie ich ihn wiederbekomme.

Dies ist der Moment, endlich meinem stummen, treuen und verläßlichen Begleiter ein Loblied zu singen. Ohne den Stock käme ich sicher nicht so gut voran. Er ist gerade, kräftig gebaut, gut getrocknet, also nicht zu schwer, und ziemlich lang. Er reicht mir bis über die Schulter. Es ist unglaublich, für wie viele Zwecke er mir dienlich ist. Zuallererst markiert er meinen Gehrhythmus: bei jedem vierten Schritt setze ich ihn auf – Tok, 2, 3, 4; Tok, 2, 3, 4 ... manchmal ist dies die einzige Musik, die ich höre. Es brauchte eine Zeitlang, bis die Bewegung selbstverständlich und automatisch wurde, aber jetzt klappt es ausgezeichnet. Mittlerweile setze ich ihn sogar links – ich bin Linkshänder – und rechts gleich gut ein.

Dann ist er mir sehr nützlich in schwierigem Gelände: als „drittes“ Bein zum Abstützen in Schlamm und Sumpf, als Stab zum Überspringen von Bächen, zum Niederdrücken von Stacheldraht (kommt leider auch vor), beim Überqueren von Zäunen (nicht alle Grundbesitzer halten ihre Wege für Pilger frei), zum Zurückdrängen von Brombeerranken, zum Niederhauen von Brennesselstauden und auch zum Fernhalten allzu aufdringlicher Hunde, wenn die Gegenwart von Ajiz alleine nicht ausreicht, was aber nur selten der Fall ist. Bisher mußte ich Ajiz nur einmal zu Hilfe eilen, als ihn ein großer Schäferhund attackierte und er, mit seinen Satteltaschen doch ziemlich in seiner Bewegungsfreiheit eingeschränkt, einigermaßen in Bedrängnis geriet. Und zuguterletzt benütze ich ihn auch als Stange zum Trocknen von Socken, T-Shirt, Unterwäsche ...

4. Kapitel

La Grande Traversée – des Pyrenées

Freitag, 17. März *Pau – Lacommande*
Priez pour nous à Compostelle!

Der Stock ist wieder da! Der Onkel des Metzgers, bei dem ich ihn gestern in *Morlaas* vergessen habe, ist auch Metzger und hat sein Geschäft gleich gegenüber der Pfarrkirche Notre Dame in *Pau*, und ein Angestellter hat ihn – den Stock – am Vormittag mitgenommen. Halleluja, ich bin wieder komplett! Nach einem einfachen Mittagessen mit den Patres breche ich, verspätet, aber frohgemut, zu einer verkürzten Etappe auf. Jetzt macht es sich bezahlt, daß ich in den Vortagen so etwa drei Stunden Vorsprung auf meine Marschtabelle angesammelt habe, die brauche ich jetzt auf, um zum Etappenziel *Lacommande* zu kommen. Noch gilt es, *Pau* auf vielbefahrenen Straßen zu durchqueren, aber nach ungefähr 1½ Stunden bin ich wieder am markierten Weg, den ich am Vortag in *Morlaas* verlassen habe. Die Pyrenäen kommen immer näher, es geht bergauf, bergab, eigentlich ziemlich anstrengend. Aber die Etappe ist kurz, schon um 17 Uhr bin ich in *Lacommande.* Ärgerlich war auf dem Weg nur wieder einmal der deutliche Hinweis auf meine „Freunde", die Motocross-Fahrer – Arschlöcher! Sie wollen doch nicht wirklich bis nach Santiago fahren? Wahrscheinlich sind es eh immer andere, die den Jakobsweg als Rennpiste mißbrauchen, aber für mich sind es ein- und dieselben, die mich schon seit Toulouse quälen ...

Lacommande war im Mittelalter eine „Commanderie", die Niederlassung eines Ritterordens auf dem Jakobsweg. Im Friedhof hinter der romanischen Kirche finde ich wieder, wie in *Usclas du Bosc,* die rätselhaften Scheibenstelen auf den uralten Pilgergräbern.

Laut Pilgerführer soll es im Ort eine Herberge geben, doch der Bürgermeister gesteht auf meine Anfrage hin, daß diese sich immer noch im Projektstadium befinde. Er könne mir aber die überdachte Vorhalle der mittlerweile aufgelassenen Schule als Schlaflager anbieten. Gerne nehme ich sein Angebot an, mehr als ein Dach über dem Kopf, ein Klo, fließendes Wasser und die alten Schulbänke und -tische, die ich zu einem Schlaflager bzw. Eßplatz zusammenschieben kann, brauche ich wirklich nicht. Da habe ich schon unter ganz anderen Bedingungen die Nacht verbracht! Proviant habe ich auch genug, mir fehlt nichts.

Doch es kommt wieder einmal ganz anders, nämlich noch besser, und wieder einmal ist Ajiz „schuld" daran!

Da ich im Garten des Hauses gegenüber der Schule einen Hund spielen gesehen habe, bin ich sicher, daß seine Besitzer einen richtigen Futternapf haben, und beschließe, mir denselben für Ajiz auszuleihen. Natürlich kann Ajiz auch die kleine Aluschüssel von meinem Eßgeschirr verwenden, aber ich muß sie immer zwei- bis dreimal nachfüllen, und das ist schon etwas lästig. Warum also heute, zur Feier des Tages, nicht einfach ein kleiner Luxus? Der Hundebesitzer, er ist auch der Vater der beiden Kinder, die mit dem Hund im Garten spielen, ist sehr freundlich und bringt mir auch gleich den Napf, den er mir über den Zaun reicht. Dabei fragt er mich, wer wir sind, woher wir kommen, wohin wir gehen ..., was man halt einen Reisenden fragt. Und bald hat sich ein angeregtes Gespräch über den Zaun hinweg entwickelt. Nach einer Weile gesellt sich seine Frau zu uns, die mich schließlich auffordert, doch hereinzukommen und mit ihnen einen Aperitif zu trinken. Irgendwann, die Atmosphäre wird immer netter und vertrauter, heißt es dann: „Aber jetzt bleiben Sie schon zum Abendessen!" Und ein paar Stunden später (in der Zwischenzeit hat Ajiz natürlich auch sein Abendessen bekommen, der Futternapf bleibt sozusagen im Haus): „Du wirst doch nicht auf einer Schulbank da draußen in der Kälte schlafen, das kommt gar nicht in Frage! Und überhaupt, es ist eine Schande, daß dir der Bürgermeister nichts Besseres angeboten hat!"

Wie schon so oft vorher weckt mein Bericht von meiner Pilgerfahrt großes Interesse, es ist, als würde ich in den Menschen eine verborgene, vergessene Saite zum Schwingen bringen, eine uralte Sehnsucht wieder wach werden lassen. Ist es das kollektive Gedächtnis an diese 1000jährige Tradition, das in uns schlummert, ist es Sehnsucht nach ähnlichen Erfahrungen?

Ich weiß es nicht, aber es muß etwas ganz Starkes sein, das mein Auftauchen und mein Bericht von der Pilgerreise in den Menschen wachruft. Josy, die Frau, bittet mich im Verlauf des Abends, für sie und die ganze Familie in Santiago zu beten, sie machten gerade eine schwierige Zeit durch. Wer bin ich, daß mich fremde Leute um so etwas bitten?

Es ist schon weit nach Mitternacht, als ich, leicht beschwipst und rundum zufrieden, ins Bett sinke, das mir meine Gastgeber im Wohnzimmer gerichtet haben. (Irgendwann am Abend war ich in die Schule zurückgegangen und hatte meine Ausrüstung zusammengepackt.) Es ist schön, Pilger zu sein!

Samstag, 18. März Lacommande – Oloron Ste. Marie Erste Pyrenäenetappe

In der Früh weckt mich Kaffeeduft, ich habe *keinen* Kater und bin bestens gelaunt. Die beiden Mädchen, Aurianne und Emilie, sind ganz in Ajiz verliebt und möchten uns unbedingt ein Stück begleiten. Emilie, die Ältere, duzt mich plötzlich, und Aurianne ist überhaupt ganz zutraulich geworden, so als würden wir uns schon ewig kennen. Heute ist ihr fünfter Geburtstag! Da dürfen sie mich natürlich ein Stück begleiten, Aurianne trägt voller Stolz meinen Stock. Zum Abschied küssen mich beide noch, und dann hat mich die Straße wieder. Der Rucksack ist noch schwerer als gestern, genau um das Gewicht eines großen Einweckglases, das mit „Confit de Canard“ gefüllt ist, hausgemacht! Josy ließ mich nicht ohne dieses Geschenk, ihre Spezialität, gehen.

Der Tag zieht sich, es ist schwül, vielleicht spüre ich doch die Nachwirkungen des langen Abends in *Lacommande?* Am Nachmittag bin ich jedenfalls in *Oloron Ste. Marie,* einem Städtchen am Ausgang des Aspe-Tales, das mich in den nächsten zwei Tagen zum höchsten Punkt meiner Pilgerreise, dem *Col du Somport,* 1635 m, führen soll.

Ich besuche die beiden sehenswerten Hauptkirchen des Ortes, Ste. Marie und Ste. Croix, besorge Brot und Wein und hänge dann noch zwei Stunden Fußmarsch an die an sich in *Oloron* endende Tagesetappe. Ich bin immer noch gut gelaunt, habe noch Lust weiterzugehen, und bei dem warmen Frühlingswetter kann ich notfalls auch im Freien oder in einer Scheune übernachten. Und ich finde tatsächlich eine leere, einladend offene Scheune am Rande eines Baches. Genau der Platz, um einen wunderschönen „Arbeitstag" ausklingen zu lassen. Die Schwüle hat der frischen Abendbrise Platz gemacht, es ist ein traumhaft schöner Frühlingsabend. Den krönenden Abschluß des Tages bildet natürlich die Hälfte des „Confit de Canard" von Josy, zubereitet mit Reis – ein Festmahl! Ajiz bekommt selbstredend seinen ihm zustehenden Teil, ich rauche noch eine Gute-Nacht-Zigarette und krieche dann in den Schlafsack. Die Füße sind rechtschaffen müde, aber ich bin glücklich. Mit dem Gedanken daran, daß ich bald die Hälfte meiner Pilgerreise geschafft habe, es dann also nur mehr „bergab" geht, und mit dem Duft des Heus in der Nase schlafe ich ein.

Sonntag, 19. März — Oloron (Eysus) – Osse-en-Aspe
In die Berge

Die heutige Etappe ist zwar relativ kurz, da ich am Vorabend noch die zwei Stunden „angehängt" habe, aber sie erscheint mir trotzdem lang und anstrengend. Es ist der sonnigste und wärmste Tag bisher, das spielt sicher eine Rolle. Außerdem steigt der Weg stetig an, schließlich bin ich ja in den Pyrenäen, unterwegs zum Somport-Paß. Vor allem jedoch ist der Weg teilweise eine richtige Zumutung! Das Tal ist relativ eng, nur auf der doch vielbefahrenen Straße zu gehen wäre entsetzlich, also bleibt als Alternative – laut Diktat des Führers, Ausweichmöglichkeiten sehe ich keine – ein ewiges Auf und Ab auf schmalen steilen, kaum begangenen und dicht verwachsenen, fast nicht sichtbaren Pfaden, oft durch Stacheldraht versperrt oder wegen dichter Brombeerhecken beinahe unpassierbar. Das hat weder viel mit Wandern noch mit Pilgern zu tun! Doch morgen bin ich in Spanien! Und nach allem, was ich bisher erfahren habe, soll der Jakobsweg dort wirklich ein *Weg* sein, viel begangen, entsprechend gut markiert und gut sichtbar. Und vielleicht treffe ich dann auch die ersten Jakobspilger. Bis jetzt habe ich ja das Gefühl, der einzige Pilger auf der ganzen Welt zu sein – was nicht unbedingt ein schlechtes Gefühl ist, eher im Gegenteil. Aber ich bin halt neugierig auf Gesinnungsgenossen ...

Aber trotz des entsetzlichen Weges ist der Tag wunderschön und wieder auch – oder vielleicht vor allem – wegen der Menschen: So um die Mittagszeit, es ist wirklich sehr warm, gehe ich gerade durch *Sarrance,* ein kleines Pyrenäendorf im Aspe-Tal, als ich einen Mann, weiße Gummistiefel, weiße Schürze, die Zeitung lesend vor einem Haus in der Sonne sitzen sehe. An seiner „Uniform“ erkenne ich den Fleischhauer, und obwohl Sonntag ist – das Dorf hält in der prallen Frühlingssonne gerade seinen Mittagsschlaf –, wage ich, ihn zu fragen, ob er, falls er wirklich der Fleischhauer sei, mir ein paar Fleischreste für Ajiz verkaufen könne. „Selbstverständlich, kein Problem“, ist seine trockene, aber freundliche Antwort. Er legt die Zeitung zusammen, steht auf und sperrt den Laden gegenüber seinem Haus auf. Nach wenigen Minuten kommt er wieder heraus, in der rechten Hand einen etwa zwei Kilogramm schweren Plastiksack – „Das ist für den Hund“ – in der linken Hand zwei köstlich aussehende Hartwürste (saucisson sec) – „Und das ist für dich!“

„Was bin ich schuldig?“

„Nichts, was soll denn diese Frage?“

Ich bin wieder einmal sprachlos! Ich bedanke mich, verstaue den unerwarteten Lebensmittelnachschub irgendwie in dem schon prall gefüllten Rucksack – da ist ja noch das halbgefüllte Einweckglas mit dem „Confit de Canard“ von Josy – und stapfe schwer beladen weiter nach *Osse-en-Aspe,* meinem heutigen Etappenziel.

Das Gîte d'etappe im Dorf – meine letzte Schlafstelle in Frankreich! – ist ein relativ großes Haus im Dorfzentrum, voll eingerichtet, mit Dusche, Kühlschrank, Küche etc., sauber, mit einem kleinen Vorgarten und – oh Gemütlichkeit! – einem riesigen offenen Kamin. Und ich bin mutterseelenallein. Ich bin eindeutig außerhalb der Wandersaison unterwegs. Außerdem darf ich nicht vergessen, daß der „Chemin d'Arles" auch deshalb der am wenigsten frequentierte der vier französischen Jakobswege ist, weil er der unberührteste und wildeste ist. Und ich muß zugeben, daß es gerade die Einsamkeit, die Unberührtheit und die damit verbundene Schwierigkeit des „Chemin d'Arles" waren, die ihn für mich so reizvoll machten und ihn als authentisch erleben ließen.

Da ich schon am frühen Nachmittag – 15 Uhr 30 – in *Osse* bin, habe ich genügend Zeit, um Wäsche zu waschen (schon überfällig), in der Sonne zu sitzen, Kaffee zu trinken und zu lesen, diesen herrlichen Sonntagnachmittag einfach in jede Pore meines Körpers einsickern zu lassen.

Das Dorf ist charakteristisch für die Pyrenäen, graue Häuser mit grauen Schindeldächern ducken sich gegen den Hang, der Duft von Holzfeuern liegt in der klaren Bergluft. Die Stimmung ist sehr heimelig, fast erinnert sie mich an „mein" Indianerdorf im Hochland von Guatemala, in dem ich als 18jähriger ein Jahr lang gelebt habe – im Rückblick eine der wichtigsten Weichenstellungen in meinem Leben. Meine heute noch starken „lateinamerikanischen" Wurzeln reichen bis in jene Zeit zurück. Ich weiß, die Nase hat ein unwahrscheinliches Gedächtnis.

Ich zünde später ein Feuer im Kamin an, bereite mein Abendessen – die zweite Hälfte des „Confit" ist dran, und als Vorspeise gibt es natürlich ein Stück der Pyrenäen-Hartwurst. Auch Ajiz bekommt sein Sonntagsessen, die Spende des freundlichen Metzgers von *Sarrance*, Fleisch und Knochen vom Lamm! In Erinnerung an die Begegnung zu Mittag wird mir wieder ganz warm ums Herz, und ich denke mir, daß man schon Pilger sein muß, um all das zu erleben. Wäre ich „normaler“ Tourist, würden mich die Leute sicher nicht so freundlich behandeln.

Morgen geht es hinauf zum Col du Somport, hoffentlich hält das Wetter. Auf jeden Fall werde ich streckenweise *nicht* dem Führer folgen, sondern meinen eigenen Weg ziehen. Der spielt nämlich wieder verrückt, das kann ich schon beim Kartenstudium erkennen. Und aus den Erfahrungen von heute habe ich auch gelernt ...

Vorher werde ich aber noch zur Post gehen. Einerseits möchte ich den Führer für den französischen Teil heimschikken – heute abend wird er noch feierlich verpackt –, andererseits hoffe ich, daß postlagernd etwas für mich angekommen ist. So ein eingefleischter Einsamkeitsfanatiker bin ich ja nun doch nicht, daß nicht Briefe von der Familie oder von Freunden mein Herz erfreuen würden.

Montag, 20. März — Osse-en-Aspe – Canfranc
Adieu la France, bienvenida España!
Die bisher längste Etappe: 46 km!

Der Tag beginnt gut, es herrscht klares, frisches Bergwetter. Im Postamt warten tatsächlich Grüße aus der Heimat auf mich – ein Brief von meiner Familie und die offizielle Todesanzeige von Reinhard. Ich hatte schon telephonisch von seinem plötzlichen Tod erfahren und im Laufe der letzten Wochen mehrmals an ihn und jene, die ihn geliebt haben, gedacht. Der heutige Tag wird ihm gewidmet.

In *Etsau* treffe ich eine Gruppe von Umweltaktivisten, als ich in ihrem Hauptquartier, einem aufgelassenen Bahnhof, um Wasser für Ajiz bitte. Sie kämpfen gegen den Bau des Autotunnels durch den Col du Somport, da sie, wahrscheinlich zu Recht, befürchten, daß der Bau eines Tunnels vor allem den Schwerverkehr anziehen und damit die Ruhe und Schönheit des Tales zerstören würde. Das kommt mir doch bekannt vor – Transitproblem in den Alpen!

Sie erzählen mir, daß es für eine Strecke von etwa 2,5 Kilometer einen schönen Pfad auf der anderen Flußseite als Alternative zum Asphaltband der Straße gäbe. Der kleine Steg, der dann über den Fluß zurück zur Straße führe, sei nämlich nach dem Hochwasser im Winter wieder repariert worden. Ich benütze also diesen Pfad – er ist wirklich schön –, der am Fluß entlangführt, über Wiesen, durch kleine Waldstücke und vor allem weit entfernt von den Autos. Nach einer halben Stunde (also etwa 2,5 Kilometer bei zügigem Tempo) beginne ich nach dem Steg Ausschau zu halten. Als dieser um nichts in der Welt auftauchen will, der Pfad aber immer undeutlicher wird, beschließe ich umzukehren und ärgere mich natürlich über die Fehlinformation der Ökos und die verlorene Zeit. Also zurück zum Start und dieselbe Strecke auf der Straße. Eine dreiviertel Stunde später bin ich wieder auf der Höhe der Stelle, wo ich umgekehrt bin, und sehe etwa 150 Meter weiter den Steg! Ich könnte mir ein doppeltes Monogramm in den Hintern beißen! Warum hatte ich so wenig Vertrauen in die Auskunft der Ökos, mit denen mich ja doch eine gewisse Seelenverwandtschaft verbindet?

Das Tal wird enger und steiler, jetzt fehlt wahrscheinlich nicht mehr viel bis zum Paß. Aber wenn ich geglaubt habe, das Schlimmste läge nun hinter mir, habe ich mich gründlich getäuscht. Das vorletzte Stück vor dem *Col du Somport* kann ich nur mit dem Wort *entsetzlich* beschreiben. Kein Weg, keine Markierung, nur homöopathische Spuren eines alten, verwachsenen Pfades, Schlamm, Dornen, fast undurchdringliche Ginsterhecken. Wir haben größte Mühe, nicht nur den „Weg“ nicht zu verlieren, sondern überhaupt voranzukommen. Besonders Ajiz hat große Probleme, da er mit den Satteltaschen, die ihn ja erheblich breiter machen, immer wieder im dichtstehenden Gestrüpp hängenbleibt. Ich selber habe so mit mir und meinem schweren Rucksack zu kämpfen, daß ich sie ihm leider nicht abnehmen kann. Aber schließlich schaffen wir es, ich mit viel Schweiß und noch mehr Fluchen, Ajiz mit seiner bewundernswerten Geduld und Ausdauer. Wieder einmal mein segensreicher Führer! Ich verstehe schon, daß die Alternative zu dieser Quälerei wahrscheinlich noch entsetzlicher ist, sich nämlich viele Kilometer in endlosen Kehren der Straße entlang zur Paßhöhe zu schleppen und dabei jede Menge Abgase zu schlucken. Aber man könnte doch zumindest auf den Zustand des Weges hinweisen – im Führer jedoch kein Wort davon! – oder vielleicht gar für eine ausreichende Markierung sorgen! Vom Instandsetzen des Weges wage ich gar nicht zu träumen.

Wie auch immer, wir sind fast oben. Und es hätte noch viel viel schlimmer kommen können, dessen bin ich mir schon bewußt. Wir hatten einen traumhaft schönen Tag und bis zur Paßhöhe schneefreies Gehen. Genausogut hätten wir in einen Schneesturm, Nebel, ärgstes – und gefürchtetes – Pyrenäen-Winterwetter geraten können. Ich habe gehört, daß der Paß manchmal sogar im Sommer wegen Schneefalls unpassierbar ist. Also trotz allem, toll war es!

Auf den Schattenhängen liegt noch jede Menge Schnee, ich nehme Ajiz endlich seine Satteltaschen ab, und er wälzt sich genüßlich und ausgiebig in seinem geliebten Element. Bis zum Abstieg auf der spanischen Seite trage ich seine Taschen, damit er sich einmal richtig austoben kann. Etwa um 18 Uhr sind wir oben. *Spanien!*

Das Überschreiten der Grenze wird nicht gefeiert, ich mache keine Pause. Es wird spät, Wolken ziehen auf, es ist bitterkalt. Da ich nicht in die Dunkelheit geraten will – bis zur ersten Pilgerherberge auf spanischer Seite, in *Canfranc,* sind es noch mindestens zwei Stunden –, mache ich mich lieber auf die Socken. Außerdem fühle ich mich auf der Paßhöhe, inmitten der Schilifte und der Riesenhotels, ganz und gar fremd. Irgendwo müßte eine Gedenktafel stehen, die auf das Pilgerhospiz Santa Cristina hinweist, das sich auf dem Paß befunden hatte – es gehörte neben den Hospizen von Jerusalem und vom Großen Sankt Bernhard zu den drei größten und wichtigsten Pilgerhospizen der Christenheit im Mittelalter –, aber ich verzichte darauf und mache mich gleich an den Abstieg. Schnell geht es auf der anderen Seite hinunter, nach den ersten paar hundert Metern liegt der *Camino* breit und deutlich vor mir, üppig markiert! Was für ein Wechsel! Ich habe mir also nicht zuviel erwartet. Der mühselige Aufstieg liegt hinter mir, vergessen ist das Fluchen. Der Camino hat mich! Mir fällt ein, daß der Jakobsweg auch „Weg der Kraft" genannt wird, denn die spüre ich jetzt, während ich ausschreite, als würde ich den Tag eben erst beginnen. Sogar das Tok-2-3-4 klingt froher, energischer. Ich weiß, das ist meine subjektive Einbildung, ich bin jetzt nicht von einer schlechten in eine gute Welt gewechselt. Der „Chemin d'Arles" war schön abenteuerlich, abenteuerlich schön, das wird mir sicherlich erst später richtig bewußt werden, aber Tatsache ist, daß wir einen großen und schwierigen Teil des Weges, praktisch die Hälfte, hinter uns gebracht haben, ohne Probleme, bei bester Gesundheit, sozusagen mit Bravour – beide!! Und das erfüllt mich mit Stolz, Dankbarkeit und eben auch mit neuer Energie.

Es wird dunkel, jetzt ist die Nacht doch noch über uns hereingebrochen. Die letzten fünf Kilometer bis *Canfranc* lege ich auf der Straße zurück, im Dunkeln würde ich die Wegmarkierungen nicht sehen können und zum Herumirren in der Kälte habe ich heute keine Lust mehr.

Um 20 Uhr sind wir in *Canfranc*. Der junge Mann, der das Refugio de Peregrinos (Pilgerherberge) betreut, stellt mir nach Vorweisen meines Personalausweises einen Pilgerpaß aus, der bis Santiago sozusagen mein Reisedokument sein wird, das mir die Übernachtung in den Pilgerherbergen und manchmal in Gasthäusern ein verbilligtes „Pilgermenü" ermöglichen wird.

Dieses, mein erstes Refugio, ist alles andere als ein Kleinod: kein warmes Wasser, kein Klopapier, kein Aufenthaltsraum, keine Kochgelegenheit. Eigentlich nur Bett, Klo und kalte Dusche. Aber ich bin ja nicht verwöhnt, außerdem habe ich meinen kleinen Campingkocher mit, auf dem ich mir meine gewohnte Pilgersuppe koche. Der Herbergsvater verkauft mir noch Brot und Wein, Ajiz bekommt den Rest des Fleisches aus *Sarrance*, vermischt mit Brot, wir werden beide satt. Müde sind wir schon, nach etwa 46 Kilometern! Ich bin hundsmüde, Ajiz vielleicht mannsmüde, wer weiß?

Dienstag, 21. März *Canfranc – Jaca*
Offizieller Frühlingsbeginn

Heute schlafen wir länger, das haben wir beide uns redlich verdient. Erst um 10 Uhr 30 brechen wir auf, aber es ist ja nur eine kurze Etappe, 18 Kilometer bis *Jaca.* Auch wenn *Jaca* keine wunderschöne alte Bischofsstadt und die ehemalige Hauptstadt des Königreiches Aragon wäre, die nicht nur einen Besuch, sondern sogar einen großen Umweg rechtfertigte, wir müßten die Etappe dort beenden, denn die nächste Pilgerherberge ist 40 Kilometer von *Jaca* entfernt. Der Jakobsweg vom *Somport-Paß* bis *Puente la Reina* ist wenig begangen, entsprechend dünn sind also noch die Pilgerherbergen gesät. Und da Selbstversorgerhäuser wie in Frankreich oder andere Beherbergungsbetriebe auf dieser Strecke praktisch inexistent sind, müssen Pilger ihre Tagesetappen nach den vorhandenen Herbergen planen.

Der Weg ist deutlich ausgeprägt und ausgezeichnet markiert – auch daran merke ich, daß die Tradition der Jakobspilgerschaft in Spanien äußerst lebendig ist, ja eigentlich nie unterbrochen war. Und jetzt sind wir ein Teil von ihr ...

Das Wetter ist sonnig und warm, fast sommerlich, die Siesta in der Sonne ist ein Genuß. Schon um 16 Uhr stehen wir vor der prächtigen romanischen Kathedrale von *Jaca,* in der manche den sagenumwobenen Kelch mit dem Blut Christi, den Heiligen Gral, vermuten. Mich beschäftigt hingegen mehr die viel irdischere Frage, ob wohl auch Ajiz in der Pilgerherberge Aufnahme findet, denn nach Auskunft des Herbergsvaters in *Canfranc* sind Hunde in Spanien praktisch überall „aus"geschlossen, nicht nur in den Pilgerherbergen. Hotels, Restaurants, Bars, Busse, Eisenbahnen usw. bleiben Hunden strikt verwehrt.

Vorher aber muß ich mich noch mit einem ganz anderen Problem herumschlagen, nämlich meiner eigenen Dummheit.

Meine mittlerweile fast schon tägliche Eselei – wann werde ich denn endlich gescheiter? – läßt mich erst einmal an *Jaca* vorübergehen! Ich sehe zwar linkerhand eine hohe, nicht enden wollende Mauer, denke mir aber nichts dabei und folge brav der gelben Markierung, froh wie ich bin, endlich einem gut markierten Weg folgen zu können. Irgendwann dämmert es dann aber auch mir, daß *Jaca* eventuell schon hinter mir liegt. Ein Jogger bestätigt den Verdacht, ich habe die Stadtmauern umrundet! Wieder einmal ist es mir gelungen, mir selber eine kleine „Fleißaufgabe" aufzuerlegen – anscheinend hat sich mein Unterbewußtsein schon so an 30-Kilometer-Etappen gewöhnt, daß es sich weigert, eine Etappe unter 20 Kilometer als vollwertig anzuerkennen!

Die Pilgerherberge öffnet erst um 20 Uhr 30, bis dahin bleibt mir noch viel Zeit – zum Bummeln, Einkaufen und Lesen. Es ist ein schönes Gefühl, auf der Bank im Park zu sitzen – mein erster Abend in Spanien! – und zu wissen, daß ich zu Fuß hergekommen bin, aus über 800 Kilometer Entfernung!

Da kein weiterer Pilger in der Herberge übernachtet, darf Ajiz ausnahmsweise auch hinein, aber nur unter der Bedingung, daß ich ihn an einen Tisch binde, was ich zwar hoch und heilig verspreche, aber nicht halte. Der Herbergsvater möge mir nachträglich verzeihen! Aber Ajiz ist mein treuer, verläßlicher und geduldiger Begleiter, er ist sauber und wohlerzogen, und in den vier Wochen, die wir jetzt schon gemeinsam unterwegs sind, habe ich ihn nie über Nacht angeleint, und es hat auch nie ein Problem gegeben. Solange es geht, möchte ich das auch beibehalten, das mögen die Spanier bitte akzeptieren (oder auch nicht, wir werden ja sehen)!

Dem Herbergsbuch entnehme ich, daß vor zwei Tagen drei Brasilianer hier übernachtet haben. Ich bin also doch nicht alleine unterwegs. Vielleicht lerne ich sie noch kennen ...

Der „aragonesche Weg“ von Jaca nach Pueute la Reina.

Mittwoch, 22. März *Jaca – Artieda*
Don Jorge

Auch die heutige Etappe ist lang, etwa 40 Kilometer. Später, ab *Puente la Reina,* sollen die Abstände zwischen den Herbergen kleiner werden. Da stoßen die Pilger hinzu, die von *Roncesvalles* in den Pyrenäen kommen, einer viel mehr frequentierten Strecke, und der Abstand zwischen den Pilgerherbergen beträgt dann im Schnitt 20 bis 25 Kilometer. Aber nach einem Monat ununterbrochenen Gehens bin ich ohnehin in Topform, und so ungelegen kommt mir die lange Etappe gar nicht, weil ich bis Samstag mittag, also in vier Tagen, in *Puente la Reina* sein will. Ich möchte eventuell vorhandene postlagernde Briefe vor dem Wochenende abholen, weil ich hoffe, daß ein Brief von Peggy und Miguel dabei ist.

Ich kenne die beiden aus meiner Zeit als Entwicklungshelfer in Mexiko, seither verbindet uns eine tiefe und lebendige Freundschaft. Sie leben in *Vitoria* im Baskenland und würden mich gerne ein Wochenende auf dem Jakobsweg begleiten. Das würde mir gefallen – einmal wieder in Begleitung zu gehen, noch dazu von so lieben Leuten! Und da ich weiß, daß die Postämter in Spanien an Samstagen um 12 Uhr 30 zusperren, habe ich mir – zum ersten Mal seit meinem Aufbruch – einen Termin gesetzt. Ich hoffe, meine „Pilgerqualität" leidet nicht allzusehr unter diesem Widerspruch. Ab *Puente la Reina,* wenn noch dazu die tägliche Weg- und Herbergssuche wegfällt, das verspreche ich mir und Ajiz hoch und heilig, nehme ich das Gas zurück und werde es gemütlicher angehen.

Die Etappe wird tatsächlich *sehr* lang, mit einigen Asphaltkilometern am Vormittag und Staubstraßen am Nachmittag. Aber ich genieße das freie, unbeschwerte Gehen durch die karge, fast wüstenartige, menschenleere aragonesische Landschaft. Der Weg ist sehr gut markiert. Knapp vor der Mittagspause passiert es: ein falscher Tritt am Straßenrand – die Asphaltdecke liegt ca. 15 Zentimeter höher als das Schotterbankett – und ich verstauche mir den Knöchel. Wie schnell das geht! Aber es scheint nicht schlimm zu sein, nur muß ich vorsichtig und sorgfältig auftreten. Es wird sicher ein paar Tage dauern, bis der Fuß wieder heil ist. Über den Stock bin ich jetzt heilfroh! Die Mittagsrast an einem kleinen Bach, inklusive Siesta, kommt da gerade richtig. Das Wetter ist prächtig, am Nachmittag fast schon sommerlich heiß.

Etwa eine Stunde vor meiner geplanten Ankunft in *Artieda* treffe ich Don Jorge, einen sehr netten Bauern (und pensionierten Lehrer), der mich, wie alle vorbeikommenden Pilger, einlädt, bei ihm einzukehren. Auf eine Jause, ein Bier, einen Kaffee, je nach Lust und Tageszeit. Ich möchte zwar ankommen, das Gehen mit dem wehen Fuß ist doch anstrengend, aber diese von Herzen kommende Einladung kann und will ich nicht ausschlagen. Das macht den Weg ja so schön und spannend! Leute wie er oder die Phiquepals, die von sich aus, ohne Auftrag und ohne Lohn, die Tradition des Jakobsweges pflegen, machen diese erst richtig lebendig. Zum ersten Mal frage ich mich, ob diese archaisch-schöne Art der Gastfreundschaft auch in Österreich möglich wäre. Versuchen könnte ich es ja ...

Von Don Jorge bekomme ich noch einen Stempel in meinen Pilgerpaß, im Gegenzug trage ich mich in sein Pilgerbuch ein, und dann lege ich die letzten Kilometer bis *Artieda* zurück. Es ist ein wunderschönes Dorf, sowohl die Häuser als auch die Gassen ganz in Stein, auf der Spitze eines Hügels gelegen und mit einem beinahe luxuriösen Albergue de Peregrinos! Fünf Zimmer mit je vier Betten, neu und sauber, mit einem Balkon mit Blick hinunter in die Ebene.

Immer noch bin ich alleine, aber wahrscheinlich wird es nicht mehr lange dauern, bis meine vierwöchige Einsamkeit zu Ende geht. Die drei Brasilianer, die in *Jaca* eingestiegen sind, haben im Albergue eine Spur, ich müßte eher sagen, ein Geschenk, für mich hinterlassen. Es ist eine halbe Flasche „Ron Añejo“ aus Venezuela, die sie zurückgelassen oder vergessen haben. Er muß von ihnen sein, wie kommt denn sonst eine Flasche venezolanischen Rums, noch mit dem Duty-free-Etikett versehen, in eine aragonesische Herberge? Wie auch immer, ein gutes Stamperl beschließt diesen rundum geglückten Tag, wenn ich vom verstauchten Knöchel absehe. Der ausgezeichnete Rum, den ich auf dem Balkon der Pilgerherberge „verkoste“, animiert mich zu einer kurzen Zwischenbilanz. Sie fällt – wen nimmt's wunder? – überaus positiv aus. Mit Ajiz geht alles bestens, mein Körper ist in einer Verfassung, die er schon lange nicht mehr hatte, und mein Seelenleben präsentiert sich ausgeglichen, heiter und erfüllt. Wie ich so in der kühlen Nachtbrise auf dem Balkon stehe und von der Ebene unter mir die Lichter der Bauernhöfe und Weiler heraufblinken sehe, fast wie ein Spiegelbild der Sterne über mir, denke ich mir, daß ich dem Zustand des Glücks schon ziemlich nahe bin.

Donnerstag, 23. März *Artieda – Sangüesa*
Navarra

Ein wunderschöner Tag! Zwar ist die Etappe relativ lang (30 Kilometer), sie verläuft jedoch abschnittsweise auf dem gepflasterten historischen Weg, der noch aus der Römerzeit stammen soll. Ich wandere durch eine menschenleere Landschaft, durchquere ausgestorbene, uralte Dörfer, die wie Nester auf den Hügeln kleben, und schwitze am Nachmittag auch schon ganz ordentlich. Die Mittagspause wird auf der Kuppe eines Hügels, im Schatten einer Pinie, zelebriert. Seit Stunden habe ich keinen Menschen mehr gesehen, die Welt gehört mir – uns, Pardon, Ajiz – ganz alleine! Nach einem erfrischenden Schläfchen – wie kann es einem Menschen alleine so gut gehen? – bringe ich die restlichen 17 Kilometer bis *Sangüesa* problemlos hinter mich. Unterwegs macht mich ein Schild darauf aufmerksam, daß ich Aragon verlasse und Navarra betrete.

Die Herberge in *Sangüesa* wird von Nonnen betreut, die mich sehr freundlich aufnehmen. Zum ersten Mal jedoch gibt es Probleme mit der Aufnahme meines treuen Gefährten Ajiz. Er darf auf keinen Fall in der Herberge übernachten, schon aus Rücksicht auf andere Pilger, die vielleicht Hunde nicht mögen oder Angst vor ihnen haben. Ich soll ihn über Nacht im Innenhof – so eine Art Lichtschacht – anleinen, da, wo die Radpilger ihre Fahrräder abstellen. Als ob mein Hund ein Fahrrad wäre!

Ich verspreche den Schwestern zwar alles, was sie wollen, aber insgeheim denke ich mir, daß sich wohl ein Weg finden wird, den Ajiz in die Herberge zu schmuggeln. Ich bekomme, nachdem mein Pilgerstatus mittels „Credencial de Peregrino" bestätigt wurde, einen Schlüssel für die Herberge ausgehändigt, den ich am nächsten Morgen beim Abmarsch wieder gegen meinen als Pfand hinterlegten Pilgerpaß eintauschen soll.

In der Herberge ist es dann soweit: Das historische Treffen (da es mein erstes ist) mit anderen Pilgern findet am 29. Tag meiner Pilgerfahrt endlich statt! Es sind die drei jungen Brasilianer, denen ich schon seit *Jaca* auf den Fersen bin. Für die Strecke, für die ich zwei Tage benötigt habe, brauchten sie vier! Alex hat den Jakobsweg letztes Jahr gemacht und möchte seine Freundin Eugenia, in die er ganz verliebt ist, unbedingt auch diese Erfahrung machen lassen. Aber es geht ihr gar nicht gut, sie hat die klassischen Probleme, durch die fast jeder Pilger durchmuß: schlechte, kaum eingegangene Schuhe, kein Training, Blasen, Muskelkater. Wahrscheinlich hat sie noch nie in ihrem Leben so lange Strecken zu Fuß zurückgelegt, sie macht mir ganz den Eindruck eines verwöhnten Mädchens aus der brasilianischen Oberschicht. Ich überlasse ihr für ihre Blasen eine Dose Ringelblumensalbe, hoffentlich hilft sie ihr. Der Dritte im Bund ist João, Alex' bester Freund. Alle drei sind ungemein sympathisch, und ich denke mir, daß es kein Zufall ist, daß ich gerade Lateinamerikaner als erste treffe. Sie sind offen, gastfreundlich und lebensbejahend, wie fast alle Lateinamerikaner, und bald unterhalten wir uns wie alte Freunde, ich auf spanisch, sie auf portugiesisch. Wir kochen uns gemeinsam Makkaroni mit Rahm und Pilzen – auf meine Anregung kommen noch Knoblauch und Gewürze aus meinen Vorräten dazu, zum Wohlgefallen aller – und mit spanischem Rotwein ergibt das ein richtiges Festmahl.

Der venezolanische Rum in der Herberge von *Artieda* war tatsächlich ihrer, im Zuge ihres „Marschgewichterleichterungsprogrammes“ hatten sie ihn absichtlich zurückgelassen. Ajiz schließen sie sofort ins Herz – wer nicht? –, und natürlich muß er die Nacht nicht im Lichtschacht verbringen. Ich habe auch gar kein schlechtes Gewissen, denn wenn andere Pilger die Begründung für den Ausschluß von Hunden sind, dann dürfen diese das Verbot wohl aufheben, was die drei Brasilianer gerne getan haben. Aber morgen werde ich sie doch hinter mir lassen, bei dem unterschiedlichen Tempo, das wir haben.

Jetzt bin ich schon die fünfte Woche unterwegs! Aber trotzdem ist jeder Tag eine neue Herausforderung. Das Aufstehen in der Früh fällt mir immer wieder schwer. Und ehrlich gesagt: ich denke schon auch immer wieder ans Ankommen, ich freu' mich richtig darauf. Seit gestern zähle ich rückwärts, das heißt im Geist gehe ich, in *Jaca* beginnend, immer eine Tagesetappe zurück, Richtung Arles. Bin gespannt, wo ich in Santiago sein werde. Es ist beinahe wie der Adventkalender für ein Kind. Jeden Tag wird ein Fenster geöffnet, und es freut sich irrsinnig auf Weihnachten.

Ajiz macht mir einen ziemlich müden Eindruck, die Satteltaschen scheinen ihm mehr und mehr auf die Nerven zu gehen. Wenn ich sie ihm abnehme, besonders zur Mittagspause, wälzt er sich wie verrückt im Gras und grunzt vor Behagen. Er ist ein ganz braver und tapferer Hund, eigentlich ist er zu bewundern. Er hat schon eine richtige „Wegintelligenz“ entwickelt, die sich beim Ausweichen von Hindernissen wie Regenpfützen, Dornenhecken, Stacheldraht zeigt, aber vor allem, wenn er vor Weggabelungen stehenbleibt und auf mich wartet, um zu sehen, welcher Weg der richtige ist.

Freitag, 24. März — *Sangüesa – Monreal*
Erinnerungen an Frankreich

Der Tag beginnt wunderschön. Nach dem Frühstück mit den Brasilianern breche ich gleich auf, Ajiz hat sich etwas erholt, die Sonne scheint, die Stimmung ist gut. Der Weg aus der Stadt führt mich an der romanischen Kirche Santa María la Real mit dem gotischen Gnadenbild der Jungfrau von Rocamadour vorbei. Ob die berühmte Darstellung von Siegfrieds Kampf gegen den Drachen auf dem Südportal von einem deutschen Pilger angeregt wurde? Die Kirche ist jedenfalls eine der vielen Perlen der romanischen Baukunst auf der Perlenkette, die Jakobsweg heißt ...

Aber gleich am Stadtausgang begrüßt mich ein Schild: „Umleitung des Pilgerweges", ohne Angabe von Gründen! Und das ist auch der Auftakt für einen schwierigen, schlechten, ... einen Scheißtag!

Zwar führt die Umleitung durch eine wildromantische Schlucht, aber im Gegenzug bringt sie mir etliche Kilometer Asphalttippelei und – damit ich Frankreich ja nicht vergesse – ein ansehnliches Stück Weges querfeldein, ungenügend markiert, mit Stacheldraht und allem, was sonst noch zu einem „anständigen" Pilgerweg gehört. Wenig später stellt sich auch heraus, daß es eine echte Umleitung, im Sinne eines Umweges, ist: zwei Stunden mehr, schätze ich.

Ajiz zeigt größten Widerwillen, nach der Mittagspause aufzubrechen. Es wird Zeit, daß wir nach Puente la Reina kommen, wo der nächste Ruhetag fällig ist!

Am Nachmittag kommen wir zügig voran, wir sind wieder in den „richtigen" Jakobsweg eingemündet. Schon relativ früh – trotz Umleitung! – kommen wir in *Monreal* an, wo es laut Informationsblatt (das ich zusammen mit dem Pilgerpaß in *Canfranc* bekommen habe) eine einfache Pilgerherberge geben soll. Es ist die verfallene alte Schule des Dorfes, die als Refugio dient. Es ist so ein entsetzliches Loch, daß es nicht einmal abgesperrt ist. Meine Frage nach dem Schlüssel hat bei den Einheimischen nur ein vielsagendes Lächeln hervorgerufen. Es ist fürchterlich verschmutzt, besteht aus zwei Räumen voller Gerümpel und Abfall (von Landstreichern und/oder Pilgern zurückgelassen?), zwei vor Dreck starrenden Matratzen. Von der Decke baumeln die nackten und leeren Fassungen für Glühbirnen. Wenigstens gibt es ein Klo und ein Waschbecken, und vom Bürgermeister bekomme ich gnädigerweise eine Glühbirne fürs Klo geliehen. Ich bin anscheinend der erste Pilger seit Monaten, der die Herausforderung einer Nacht in diesem Dreckloch annimmt. Aber was sollte ich sonst machen? Die nächste Herberge ist erst in *Puente la Reina,* und bis dorthin sind es noch mindestens fünf Stunden Fußmarsch. Ich kann zwar nicht sagen, daß ich schon Schlimmeres erlebt habe – es ist eindeutig der Tiefpunkt meiner bisherigen Erfahrungen bezüglich Unterkünften – aber ich weiß, daß es noch schlimmer kommen könnte. (Es kann übrigens *immer* noch schlimmer kommen.) Ich habe meinen Schlafsack, Kochgeschirr und Gaskocher, bin also nicht auf den Abfall angewiesen, der mir hier zur Verfügung steht. Ich befreie notdürftig einen Schlaf- und Eßplatz vom größten Dreck, esse, füttere Ajiz und richte gleich alles für den Aufbruch im Morgengrauen. Dann lege ich mich für eine kurze Nacht hin. Nur Ajiz macht mir Sorgen. Sobald ich ihn von der Leine lasse, bleibt er weit hinten oder bleibt überhaupt stehen. Hat er nur die Nase voll oder ist er etwa krank? Auf jeden Fall habe ich einen Teil seines Gepäcks in meinen Rucksack umgepackt, damit er es nicht so schwer hat.

Samstag, 25. März — Monreal – Puente la Reina
Orientierung „nicht genügend“

Um noch am Vormittag (Stichwort „Poste Restante“) in *Puente la Reina* zu sein, breche ich schon vor sechs Uhr früh auf, draußen ist es noch dunkel. Ohne Bedauern verlasse ich das Dreckloch, das mir als Unterkunft gedient hat – zumindest muß ich niemanden aufwecken, um den Schlüssel zurückzugeben! Ich rechne mit fünf Stunden Weg. Da ich im Dunkeln keine Chance hätte, den Weg bzw. die Markierung zu finden, beschließe ich, bis zu einer Abzweigung die Straße zu benützen, die parallel zum Weg verläuft. Doch wieder einmal – aus Unachtsamkeit, ich schaue zuwenig auf die Karte – versäume ich die Abzweigung und gehe um einige Kilometer zu weit. Ich bin nur mehr zehn Kilometer von *Pamplona,* also in der vollkommen falschen Richtung, als ich meinen fatalen Irrtum bemerke und endlich von der alptraumartigen Nationalstraße abbiege. Und ich muß natürlich einen riesigen Umweg machen, um wieder auf den richtigen Weg zu gelangen. (Wieder so eine Lehre, die sich ohne weiteres auf das Leben anwenden läßt!)

Das Gehen am Straßenrand, in der Dunkelheit, andauernd geblendet von den Scheinwerfern der entgegenkommenden Autos – und es sind sehr viele, die Pamploner fahren übers Wochenende zum Schifahren in die Pyrenäen – gehört zu den schlimmsten Erfahrungen bisher. Während ich so vor mich hin stapfe – mittlerweile trage ich die Satteltaschen von Ajiz –, mache ich mir, angeregt durch diese schier endlose Lichterkette, die an mir vorbeirast, Gedanken über unsere „Lemming-Kultur", der ich ja auch angehöre. Müssen wir wirklich jedes Wochenende und an jedem zusätzlichen freien Tag ins Auto steigen – zu Tausenden und Abertausenden – und so weit wie möglich wegfahren? Wovor laufen wir davon?

Diese eher düsteren Gedanken, die Dunkelheit und sicher auch die Sorge um Ajiz, der tatsächlich krank zu sein scheint, mögen erklären, warum ich an der richtigen Abzweigung vorbeigegangen bin. Aber nichtsdestotrotz ärgere ich mich sehr über mich selbst. Jetzt bin ich schon fast tausend Kilometer unterwegs und mache immer noch denselben Fehler!

Ajiz geht es immer schlechter. Er beginnt, Gras zu fressen – verdorbener Magen? – und jedesmal, wenn ich stehenbleibe, legt er sich hin und will nicht mehr aufstehen. Es ist jetzt beschlossene Sache, in *Puente la Reina* wird bis Montag Pause gemacht, egal, ob ich das Postamt offen oder geschlossen vorfinde!

Natürlich ist es zu, die ganze Hetzerei der letzten zwei Tage war für die Katz' und hat vielleicht sogar dem Hund geschadet. Der Ruhetag – es ist ohnehin erst der zweite – wird sicher auch mir guttun. Hoffentlich geht es Ajiz bald wieder besser. Ich weiß nicht, was ich sonst machen soll. Bei meinen Freunden Peggy und Miguel warten, bis er gesund ist? Ajiz bei ihnen lassen und alleine weitergehen? Oder überhaupt abbrechen? Daran will ich gar nicht denken! Wir werden sehen ...

Puente la Reina ist der Punkt, wo die zwei Pilgerwege, die von den Pyrenäen herunterkommen, zusammentreffen. Die Königin ließ im 11. Jahrhundert eine Brücke über den Fluß Arga errichten, um den Pilgern die schwierige und manchmal sogar gefährliche Flußdurchquerung zu ersparen. Daher der Name des Ortes. Die Brücke wird heute noch von den Pilgern benützt und gehört zweifellos zu den meistphotographierten Brücken des Jakobsweges.

Die Herberge wird vom „Seminario del Espiritu Santo" betreut. Tatsächlich sind es die Schüler, die mich mit großem Eifer ins Pilgerbuch eintragen (ich sehe, daß ich in diesem Jahr – 1995 – der 98. Pilger bin, der hier übernachtet), mir den Schlüssel für die Herberge geben und mich einweisen. Heute bin ich der erste, im Schlafsaal stehen mir 30 Betten zur Auswahl. Es gibt einen Waschraum mit Duschen, Küche mit Herd und Kühlschrank (verdreckt) und einen Aufenthaltsraum mit offenem Kamin. Nachdem auch Ajiz mit großer Begeisterung aufgenommen wird – natürlich darf er im Refugio schlafen –, wird meine Stimmung erheblich besser, sogar Optimismus macht sich wieder breit.

Am Nachmittag kommt eine Gruppe von zehn spanischen „Wochenendpilgern" an. Sie haben eine ganz spezielle Art, den Jakobsweg zu begehen. Jedes Wochenende gehen sie zwei Etappen, so lange, bis sie in Santiago sind. Sie rechnen etwa mit einem halben Jahr insgesamt. Da sie mit Autos unterwegs sind, müssen sie jedesmal einen riesigen logistischen Aufwand betreiben, um am Sonntag abends wieder zu ihren Fahrzeugen zu gelangen. Mindestens eines muß samstags früh am Zielpunkt abgestellt werden, mit dem die Chauffeure der anderen Autos zum Startpunkt zurückgebracht werden, damit sie alle Autos „nachholen" können. Mir wäre das viel zu kompliziert, und außerdem, mit Pilgern hat das, so wie ich es sehe, wenig zu tun. Aber in Spanien ist der Jakobsweg eine nationale Institution und fester Bestandteil der spanischen Identität, und da muß man praktisch den Jakobsweg einmal in seinem Leben „machen“, egal wie. Mit dem Bus, dem Auto, zu Fuß, mit dem Fahrrad, in einem Stück, in Wochenabschnitten (beliebt ist die Karwoche) oder eben wochenendweise. Von *Roncesvalles,* von *Burgos,* von *León* aus, nur den galizischen Teil (150 Kilometer) oder mindestens die letzten 100 Kilometer zu Fuß – für Reiter und Radfahrer sind es 200 –, die vorgeschrieben sind, um den Anspruch auf die offizielle Pilgerurkunde, die „Compostela“, zu erlangen.

Am Abend gibt es ein Wiedersehen mit den Brasilianern. Ich hatte nicht mit ihnen gerechnet, weil ich sicher war, daß sie schon vor *Monreal* in *Izco* übernachtet haben und die Etappe *Izco – Puente* besonders für Eugenia viel zu lange gewesen wäre. Sie haben zwar in *Izco* übernachtet, sind aber heute per Autostop nach *Pamplona* und von dort mit dem Bus nach *Puente* gekommen, das heißt Eugenia und Alex. Denn João ist tapfer weiter zu Fuß gegangen und hat tatsächlich die Strecke *Izco – Puente* geschafft. Er stolpert um 22 Uhr erschöpft, aber übers ganze Gesicht strahlend, zur Tür herein. Wieder kochen sie Makkaroni mit Rahm, seit meinen Tips in *Sangüesa* mit Knoblauch und Gewürzen, anscheinend ist das ihre Pilgerdiät. Alle drei sind 23 Jahre alt, Studenten aus São Paulo, Kinder wohlhabender Eltern. Bis Dezember wollen sie in Europa bleiben. Wir diskutieren angeregt, teilweise sogar heftig, auf spanisch und portugiesisch, über die Frage, wer ein „echter“ Jakobspilger ist. Vom Auto begleitet, auf Wochenenden verteilt, zu Fuß in einem Stück, mit dem Autobus ... was „gilt“? Ich merke, daß ich ziemlich streng bin und hohe – zu hohe? – Ansprüche stelle, wie immer. Ich muß schon zugeben, bisher war meine Pilgerfahrt nicht immer eine entspannte, lockere Sache – aber sollte sie das sein? –, sondern immer wieder eine Herausforderung, oft ein Kampf gegen das Wetter, gegen den schlechten Zustand des Weges, gegen die manchmal miserable Markierung und Wegbeschreibung im Führer, einige Male sogar gegen die Zeit. War der Wunsch, noch vor Samstag mittag in *Puente* anzukommen, wirklich notwendig?

5. Kapitel

Die Prüfung

Sonntag, 26. März
Ruhetag I

Ausschlafen, ausruhen, gemütlich frühstücken, mich mit den Seminaristen unterhalten, Zeitung lesen, Wäsche waschen, Siesta machen, nachdenken ...

Die Seminaristen sind ganz begeistert von Ajiz und sehr besorgt um ihn. Sie kommen immer wieder vorbei, bringen Sachen zum Naschen, vom Nachtisch abgespart, streicheln Ajiz mitfühlend und unterhalten sich mit mir. Anscheinend bringe ich etwas Abwechslung in ihren doch eher eintönigen Seminaralltag. Und endlich haben sie einen Pilger zur Verfügung, der nicht gleich in der Früh weiterzieht und der zudem noch fließend spanisch spricht!

Montag, 27. März
Ruhetag II

Jetzt besteht kein Zweifel mehr, Ajiz ist ziemlich krank, anscheinend ist es eine Darminfektion. Andrés, der Amtstierarzt von *Puente la Reina,* an sich eher für Pferde und Rinder zuständig, hat Ajiz untersucht und starkes Fieber festgestellt. Er hat ihm ein Antibiotikum gespritzt und ihm absolute Ruhe verordnet. Für die Behandlung hat er keinen Groschen verlangt. Die Leute sind alle so freundlich und hilfsbereit, ich komme aus dem Staunen nicht heraus. Ist es die Magie des Pilgerweges oder sind sie immer so? Trotzdem mach' ich mir um Ajiz große Sorgen. Er tut mir irrsinnig leid und mich plagt das schlechte Gewissen und die Befürchtung, ich könnte verantwortlich sein für seinen Zustand.

Es ist Nachmittag, ich bin alleine in der Herberge, heute sind noch keine Pilger angekommen, ich knie vor Ajiz, streichle ihn und rede ihm gut zu. Vollkommen entkräftet liegt er am Boden, nur mühsam hebt er den Kopf, als er meine Stimme hört. Ich bin den Tränen nahe. Auch, weil mein Weg nach Santiago vielleicht hier endet, aber vor allem, weil ich große Angst habe, daß sich Ajiz nicht mehr erholt und vielleicht gar stirbt. In diesem Augenblick kommt ein junger Pilger herein, Jorge, Katalane. Er erkennt sofort, daß es mir schlecht geht, und ich erzähle ihm von Ajiz' Krankheit. In kürzester Zeit entsteht ein tiefes Vertrauen zwischen uns und wir reden bald miteinander, als würden wir uns schon seit Jahren kennen. Das Gespräch tut mir gut, wahrscheinlich hat auch das mir gefehlt.

Die Seminaristen sind wahnsinnig nett, vor allem die jüngeren. Sooft sie können, kommen sie vorbei und erkundigen sich nach Ajiz. Zu Mittag hat mir einer von ihnen ein Stück Fleisch vom Mittagessen gebracht. Er hat es mir aber nicht offen gegeben, sondern es unbemerkt in die Küche gelegt. Ich habe es erst entdeckt, als sie schon weg waren. Es ist berührend, wie aufmerksam, neugierig, hilfsbereit und mitfühlend sie sind!

Am Abend kommen noch zwei Landstreicher, die sich als Pilger ausgeben. Fast muß ich lachen, als sie mir ihre Geschichte erzählen. Sie behaupten, in der entgegengesetzten Richtung auf dem Jakobsweg unterwegs zu sein, um zu erkunden, wie er „beinander" sei, dann erst möchten sie ihn als „echte Pilger" in der richtigen Richtung begehen. Sie werden sofort durchschaut, dürfen aber trotzdem bleiben.

Im Mittelalter soll es nicht viel anders gewesen sein. Ab dem 14. Jahrhundert, so wird berichtet, haben sich immer mehr Landstreicher, Spieler, Bettler, Diebe und Prostituierte auf den Pilgerwegen getummelt. Einerseits, um in den Genuß der Gastfreundschaft von Kirchen, Klöstern und frommen Bürgern zu kommen, andererseits, um die Pilger, die ja oft beträchtliche Summen bei sich trugen – manchmal waren sie jahrelang unterwegs –, um ihren Geldbeutel zu „erleichtern". So ist es kein Wunder, daß Pilger im Laufe der Zeit mehr und mehr in Verruf gerieten.

Morgen früh kommt noch einmal der Tierarzt und gibt Ajiz eine Spritze. Hoffentlich wird er wieder gesund!

Dienstag, 28. März
Ruhetag III

Der Tierarzt revidiert seine Diagnose. Ich habe ihm vom dunklen und spärlichen Harn von Ajiz berichtet – es könnte auch eine Niereninfektion sein. Aber die Antibiotika, die er Ajiz seit zwei Tagen spritzt, müßten ihm trotzdem helfen, sagt Andrés. Ajiz geht es noch immer schlecht, er ist apathisch und kraftlos und hat offensichtlich große Schmerzen in der Hinterhand – er bewegt sich, als hätte er schon 16 Jahre auf dem Buckel.

Ich bin ratlos und der Verzweiflung nahe. Ich weiß nicht, was ich tun soll, und es fällt mir irrsinnig schwer zu akzeptieren, daß ich nicht wie geplant in Santiago ankommen werde. Daß es ein Element außerhalb meines Einflusses gibt, das mich zur Geduld zwingt – und zur Rücksichtnahme auf jemanden, der nicht weiterkann, Ajiz. Vielleicht hätte ich all das vermeiden können, wenn ich mir und uns von Anfang an mehr Zeit gelassen hätte. Dieser Wahn, große Tagesstrecken zurückzulegen! In Frankreich wegen der oft sehr weit auseinanderliegenden Unterkunftsmöglichkeiten noch verständlich, aber hier in Spanien? Dieses sich freiwillig unter Zeitdruck Stellen, das ist schon eine Schwäche, die ich auch während des Sabbatjahres nicht habe ablegen können. Bin ich trotz der kritischen Distanz also doch auch ein Produkt unserer Zeit, in der Produktivität, Effizienz, Leistung und Geschwindigkeit zentrale Werte darstellen?

Vielleicht ist *das* die Botschaft für mich, die ich vom Jakobsweg mitnehmen soll?

Ganz schwer fällt es mir mitanzusehen, wie die Pilger am Nachmittag ankommen und am nächsten Tag wieder weitergehen! Ich habe riesige Lust, sie zu begleiten, und beneide sie, wenn sie in der Früh aufbrechen. Wo werden all jene schon sein, denen ich bisher begegnet bin? Die drei Brasilianer, wie kommen sie voran, werde ich sie noch einmal sehen? Heute früh ist Jorge weitergepilgert. Wir haben Adressen ausgetauscht, aber wahrscheinlich werden wir uns nie schreiben. Ich werde ihn aber nicht vergessen, sein Trost und seine Anteilnahme in den Momenten, in denen ich so traurig war, bleiben unauslöschlich in meiner Erinnerung.

Am Nachmittag ist wieder ein Spanier eingetroffen, ein schmächtiger, zäher Bursche, der täglich riesige Entfernungen zurücklegt. Während neun von zehn Pilgern über *Roncesvalles* gehen, gehört er zu den wenigen, die am *Somport-Paß* aufgebrochen sind. Unterwegs hat er schon von den drei Brasilianern, von mir und Ajiz gehört. Bei dem Tempo, das er vorlegt, wird er die Brasilianer auch bald einholen! Von ihm bekomme ich den Rat, meinen erzwungenen Aufenthalt in *Puente la Reina* als Teil meines Jakobsweges und nicht als verlorene Zeit zu betrachten. Er hat recht!

Mittwoch, 29. März
Ruhetag IV

Ajiz ist auf dem Weg der Besserung – endlich eine gute Nachricht! Anscheinend spricht er auf das Antibiotikum an. Und fast bin ich sicher, daß ihm auch die Fürbitten der Seminaristen helfen, welche sie ihm gestern bei der Abendandacht gewidmet haben. Das haben sie mir heute früh erzählt. Wieder bin ich zutiefst berührt!

Jetzt muß ich nur noch Geduld aufbringen und Ajiz' endgültige Heilung abwarten. Und ja nicht zu früh aufbrechen und ihn dadurch einem großen Risiko aussetzen!

Am Nachmittag ist ein junges Paar aus Deutschland angekommen, sie sind vor vier Tagen von *St. Jean-Pied-de-Port* aufgebrochen. Fast komme ich mir schon wie der Hüttenwart des Refugio vor. Ein alter Hase, der auf der Strecke hängengeblieben ist. Das ist ja im Mittelalter wirklich vorgekommen, und gar nicht zu selten.

Donnerstag, 30. März
Ruhetag V

Ich habe mich offensichtlich zu früh gefreut. Am Morgen machte Ajiz noch einen sehr guten Eindruck, was mich so optimistisch stimmte, daß ich beschloß, mit ihm am Nachmittag einen Spaziergang nach *Eunate* zu machen. Sozusagen als Fitneßtest. Ich brenne vor Ungeduld und Langeweile!

Als ich letzte Woche (!) am Samstag angekommen bin, habe ich diesen magischen Ort, etwa drei Kilometer vor *Puente la Reina*, nur kurz gestreift, ich wollte ja rechtzeitig beim Postamt sein. (Rückblickend muß ich mir eingestehen, daß ich ein ziemliches Arschloch war!)

Eunate zählt für mich zu den Plätzen am Jakobsweg mit der größten Ausstrahlung. Eine achteckige romanische Kirche, höchstwahrscheinlich errichtet von den Rittern des Templerordens, mitten in der Landschaft gelegen. Sie gehört zu keiner Ortschaft, vermutlich war es die Kirche eines Pilgerhospizes mit Friedhof, von dem man Reste hinter der Kirche entdeckt hat. Es ist ein Ort, der zum Verweilen, Schweigen und Besinnen einlädt. Ich bin froh, daß ich noch einmal hergekommen bin ...

Mit Ajiz ging alles gut, er hatte wieder Freude am Gehen, aber am Abend zitterte er am ganzen Leib und begann stark zu hinken. Es geht ihm schlechter als in der Früh. War der kleine Spaziergang etwa schon zuviel für ihn? Oder hat ihm der Wechsel des Antibiotikums geschadet? Ich habe gelernt, ihm die Spritze zu geben, für den Fall, daß einmal keine Fachkraft zur Verfügung steht. Habe ich da etwas falsch gemacht?

Sollte es Ajiz bis Samstag nicht besser gehen, fährt uns Andrés nach *Estella* – sollte eigentlich unsere nächste Etappe sein ... Dort gibt es eine Tierklinik mit Laboratorium, in der eine genaue Diagnose erstellt werden kann.

Freitag, 31. März
Die Lehren des Don Juan

Heute ist der siebte Tag meines Aufenthalts in *Puente la Reina*, die Zeit wird mir *sehr* lang! Was es in Puente zu besichtigen gibt, habe ich besichtigt: das alte Hospiz, heute das Seminar, das durch einen Bogen mit der Kruzifix-Kirche aus dem 12. und 14. Jahrhundert verbunden ist. Die Kirche hat ihren Namen vom großen Kreuz in der eigenartigen und seltenen Y-Form. Auch die Hauptstraße mit der Jakobskirche im Zentrum und natürlich die Brücke, von der die Stadt den Namen hat, kenne ich mittlerweile bestens.

Die Ankunft von Pilgern am Nachmittag bringt Leben in das Refugio, ebenso wie die regelmäßigen Besuche meiner Freunde, der Seminaristen. Meistens kommen sie in der Mittagspause und nach dem Abendessen (von dem sie mir immer etwas mitbringen), dann sitzen sie mit mir am großen Tisch im Aufenthaltsraum, löchern mich mit Fragen über Gott und die Welt, über Österreich, meine Reisen, mein Leben, streicheln Ajiz gesund und rauchen wie die Schlote. Denn im Seminar herrscht absolutes Rauchverbot!

Aber abgesehen davon, was kann ich hier schon groß unternehmen? Gehen hat die letzten 40 (!) Tage ausgefüllt, und jetzt – ich will es ja gar nicht! – das Nichtstun, die Leere, die Ungeduld, und manchmal sogar die Verzweiflung. Da fällt mir der berühmte „Don Juan“ ein. Nicht der von Mozart, sondern der von Carlos Castañeda, einem Kultbuchautor der siebziger Jahre. Jener Yaqui-Schamane in der Wüste Nordmexicos. Und ich stelle mir vor, ich sei sein Schüler, der bestimmte Prüfungen auf dem Weg zu seinem eigenen Ich bestehen muß.

Ich bin also bei Don Juan, und er gibt mir ein Ziel vor, das ich in einer bestimmten Zeit erreichen soll. Ich marschiere drauflos, guten Mutes und voller Entschlossenheit, bin gut unterwegs, doch plötzlich – das Ziel habe ich bereits vor Augen – sagt er mir: „Und jetzt bleib stehen! Geh erst weiter, wenn ich es sage, und wenn es eine Woche dauert!“

Was ist denn schon die Zeit? Ich habe keinen objektiven Grund zur Eile, es ist mein Sabbatjahr, ich habe keine Termine außer jenen, die ich mir selbst setze. Also was soll's? Natürlich, es ist nicht einfach. 900 Kilometer liegen hinter mir, fast zwei Drittel des Weges, ich bin guten Schrittes, in einer guten, dynamischen Spannung. Der „Weg" füllt den Tag aus, am Abend dann Herberge suchen, einkaufen, Mahlzeit zubereiten, essen – und schlafen. Und jetzt werden aus einem Ruhetag sieben! Die Wäsche ist gewaschen und genäht, das Buch ausgelesen, die vier Sehenswürdigkeiten besichtigt. Es ist wie ein riesiges Loch, in das ich falle. Nur die Sorge um Ajiz und der Wunsch weiterzugehen füllen es aus. Kann ich ohne eine innere Unruhe nicht sein? Ist das, was mir jetzt passiert, Don Juans Prüfung, oder besser gesagt Santiagos Prüfung für mich? Und wann ist sie zu Ende, wann sagt er, daß ich weitergehen darf? Wahrscheinlich erst, wenn er der Ansicht ist, daß ich die Prüfung bestanden habe ...

Pilger kommen und gehen, während ich vor Energie fast zittere und doch bleiben muß. Es sind ganz unterschiedliche Persönlichkeiten dabei, hauptsächlich Einzelgänger, aber auch ältere Ehepaare und solche, die es eher gemütlich angehen, dann aber wieder Leistungspilger, die es ziemlich eilig haben. (Gehöre auch ich zu ihnen?)

Gestern kam ein Paar aus Holland, sie 68, er 81. Sie sind mit ihrem Campingbus auf der Rückreise von Santiago. Sie waren in *Le Puy* gestartet, Maria zu Fuß – sie legte die 1200 Kilometer in zwei großen Abschnitten im Frühjahr und im Herbst 1994 zurück – während Dirk das Begleitfahrzeug chauffierte. Beide sind immer noch erfüllt von den Erlebnissen unterwegs und vom Stolz, es geschafft zu haben. Maria ist eine unwahrscheinlich „junge" und rüstige Großmutter. Nur für insgesamt 140 Kilometer war sie Chauffeurin, damit auch Dirk seine Pilgerstrecke zu Fuß zurücklegen konnte, um Anspruch auf die „Compostela", die offizielle Pilgerurkunde, zu haben.

Bewundernswert, wie die beiden ihr Alter gestalten, voller Optimismus und Zukunftsfreude. Beide sind erst seit wenigen

Jahren verwitwet – sie waren 50 beziehungsweise 46 Jahre verheiratet – und haben sich nach dem Verlust ihrer Partner – alle vier waren befreundet – als Paar gefunden. Sie sind nicht verheiratet, wohnen nicht zusammen und legen darauf auch großen Wert. Auf diese Weise alt zu werden, ist schon ein Ansporn ...

Ein anderes beeindruckendes Paar sind Elena und Manuel aus Katalonien. Beide sind um die 60, er war Geschäftsführer einer Fabrik und ging in Frühpension, um möglichst viele auch seiner noch „guten" Jahre seiner Frau zu widmen. Und das erste, was sie gemeinsam unternehmen, ist die Pilgerfahrt nach Santiago, ein langgehegter Traum der beiden. Fast kommen sie mir wie ein Paar auf Flitterwochen vor, so fein ist ihr Umgang miteinander.

Manuel sagt, er wolle nicht mehr länger an dieser Kultur der Zerstörung mitwirken. Seine ehemalige Firma wurde von einer internationalen Finanzgruppe gekauft. Leute wurden entlassen, und das war für ihn der letzte Anstoß zum Ausstieg.

Endlich habe ich Gewißheit über die rätselhafte Erkrankung von Ajiz. Es ist eine Piroplasmose, eine von Zecken übertragene Viruskrankheit. Der Virus greift die Nieren an, befallene Hunde können daran sterben. Ich bin sehr erleichtert, obwohl dadurch klar wird, daß der Jakobsweg für Ajiz zu Ende ist. Er ist über den Berg, schon auf dem Weg der Besserung, vor allem aber befreit mich die Diagnose von dem schlechten Gewissen, das mich eine Woche lang geplagt hat: *Ich bin nicht schuld!* Ich habe ihn nicht überanstrengt! Er benötigt noch mindestens zwei Wochen absoluter Ruhe. Das bedeutet, ich gehe ohne ihn weiter oder breche ebenfalls ab. Denn noch zwei Wochen hier in *Puente* herumzuhängen, halte ich nicht aus.

6. Kapitel

Es geht weiter!
Aber wie weit noch?

Samstag, 1. April *Puente la Reina – Estella*
„On the road again"

Heute früh sind Peggy und Miguel, meine zwei Freunde aus dem Baskenland, gekommen. Ursprünglich wollten sie Ajiz und mich übers Wochenende auf dem Pilgerweg begleiten, doch die Piroplasmose erzwingt eine Programmänderung. Einer von beiden fährt jetzt mit dem Auto und Ajiz als Passagier an den Zielort und kommt uns anderen von dort entgegen. Am Samstag trifft es Miguel als Chauffeur, am Sonntag ist Peggy dran.

Die Etappe von *Puente la Reina* nach *Estella* ist kurz, nur etwa 22 Kilometer. Da wir aber erst gegen Mittag wegkommen, müssen wir doch noch kräftig ausschreiten. Es gab in *Puente* noch einiges zu erledigen, schließlich war das Refugio für eine Woche meine Heimat. Am wichtigsten ist der Abschied von den Seminaristen, die mich gar nicht gehen lassen wollen. Toni und Corbatón haben sogar Tränen in den Augen, als sie mir noch Obst vom Nachtisch als Jause mitgeben. Ich bin gerührt und nehme mir fest vor, sie irgendwann einmal zu besuchen. Dann sind da noch drei Pilgerinnen aus den USA, die am Vorabend angekommen sind und die – bar jeglicher Erfahrung und mit absolut ungeeigneter Ausrüstung – schon am dritten Tag ihrer Pilgerreise ziemlich fertig sind. Mit einer von ihnen gehe ich am Vormittag noch geeignete Schuhe kaufen – sie kann vor lauter Blasen fast nicht mehr gehen –, schärfe ihr aber noch ein, die neuen Schuhe vorsichtig einzugehen, das heißt, sie während der ersten Tage nicht länger als zwei bis drei Stunden zu tragen. Zum Abschied schenke ich ihnen richtige Wanderstöcke, die ich aus einem Weidenstrauch schneide, Haselnuß finde ich leider nicht. Mit ihren knapp hüfthohen krummen Wurzeln (anscheinend hat ihnen jemand gesagt, sie brauchen unbedingt Stöcke, ohne genau zu spezifizieren, welche Art von Stöcken) tun sie sich beim Gehen schwerer als ohne. Dann koche ich noch ein Mittagessen für uns drei, und am frühen Nachmittag brechen Peggy und ich auf.

Endlich wieder gehen! Ich jubiliere äußerlich und innerlich, es ist wie eine Befreiung! Ajiz und auch der Rucksack sind bei Miguel im Auto, wir kommen ausgezeichnet voran, Peggy ist eine passionierte Geherin. Der Weg ist wunderschön, eine Weile gehen wir auf einer uralten gepflasterten römischen Straße. Bald überholen wir die drei Gringas, die sich mühsam voranschleppen. Und wenig später stoßen wir auf Miguel, der mit dem Auto gemütlich durch die Gegend bummelt und am Rio Salado auf uns wartet. Im Mittelalter sollen betrügerische Einheimische durstigen Pilgern Wasser aus dem stark alkalihältigen Rinnsal angeboten haben, um ihren Durst noch zu steigern und ihnen dann teuren Wein als einzig verfügbaren Durstlöscher zu verkaufen.

In *Estella* ist das Refugio wegen Umbaus geschlossen, wir bekommen aber in einem Hotel ein günstiges Zimmer, dank meines Pilgerausweises. Miguel, der etwas länger am Rio Salado geblieben ist, erzählt uns, daß er sich der drei erschöpften Gringas erbarmt und sie im Auto bis *Estella* mitgenommen hat. Als Frauen dürfen sie gratis in einem Frauenkloster übernachten.

Zu meiner übergroßen Freude treffen wir im Hotel Juan aus Venezuela und verbringen einen äußerst netten Abend mit ihm. Im Refugio in *Puente la Reina* hat er mir erzählt, daß er in Erfüllung eines Gelübdes unterwegs ist. Als er schwerkrank und dem Tod sehr nahe war, hat er gelobt, zum Grab des Apostels Jakobus zu pilgern, sollte er den 18. Geburtstag seines Sohnes noch erleben. Nun, er pilgert und scheint sich bester Gesundheit zu erfreuen. Wenn ich einmal 63 bin, möchte ich auch so einen guten Schritt haben!

Sonntag, 2. April — *Estella – Los Arcos*
Tu dasselbe!

Ein klarer, strahlender Morgen. Während Peggy Miguel und mich aus der Stadt hinausbegleitet – das will sie sich nicht nehmen lassen –, bleibt Ajiz im Auto. Am Stadtausgang, beim

Kloster Iraché, wartet schon der erste Höhepunkt auf uns, „La fuente de vino“, der „Weinbrunnen“! Eine Weinkellerei füllt jeden Tag in der Früh ein 100-Liter-Faß mit Rioja-Wein und stellt diesen vorbeiziehenden Pilgern zur Verfügung. Hahn öffnen, und es sprudelt vorzüglicher Rotwein heraus! Für Nichtweintrinker gibt es aber auch einen Wasserhahn. Ein Schild daneben fordert die Pilger zwar zur Mäßigung auf, da ich aber noch nie auf Pilger gestoßen bin, die mit Doppelliterflaschen oder gar Kanistern unterwegs waren, dürfte es wohl kaum ein Problem mit etwaigem Mißbrauch der Gastfreundschaft geben. Obwohl wir gerade erst ein gutes Frühstück zu uns genommen haben, können wir der Versuchung nicht widerstehen und trinken – entgegen unserer Gewohnheit – schon um 10 Uhr früh Wein. Und die Feldflasche wird natürlich auch gefüllt. Tomeo, der junge Pilger aus Mallorca, den ich auch schon in *Puente la Reina* kennengelernt habe, beschließt, in der Nähe dieses Wunderbrunnens, im Schatten einer großen Eiche, gleich eine längere Rast einzulegen – um 11 Uhr vormittag! – und immer wieder nachzutanken. Wohl bekomm's!

Beflügelt vom Rioja wandern wir weiter, vorbei am „Gotischen Brunnen“, einer Quelle, selten und damit kostbar in dieser kargen und trockenen Landschaft, die im Mittelalter zum Wohle der Pilger in gotisches Gemäuer gefaßt worden war. Es ist kühl und vollkommen still im Bau, fast wähnen wir uns in einer Kirche. Um die Mittagszeit kommen wir nach *Azqueta,* wo uns in der Gestalt von Pablito eines der vielen Wunder des Jakobsweges begegnet. Ich weiß nicht, womit er seinen Lebensunterhalt verdient, ich weiß nur, wofür er den Großteil seines Geldes ausgibt. Regelmäßig geht er in den Wald, schneidet die schönsten Haselnußstöcke, schält und trocknet sie und verschenkt sie an die vorbeiziehenden Pilger, die noch keinen geeigneten Stock ihr eigen nennen. Viele nehmen dieses Geschenk, verbunden mit einer kurzen theoretischen und praktischen Einführung in den korrekten Gebrauch eines – über schulterhohen – Pilgerstabes, dankbar an. Viele lassen sogar ihren alten Pilgerstab bei Pablito und nehmen dafür einen von seinen mit, die natürlich viel besser sind. Miguel sucht sich einen schönen Stecken aus, während ich stur bleibe und meinen alten, treuen Stab behalte, den ich mir auf den Sonnenhängen oberhalb von Innsbruck geschnitten habe und der mir schon so viele unbezahlbare Dienste erwiesen hat.

Doch zurück zu Pablito. Stöcke zu verschenken alleine genügt ihm nicht. Jeder Pilger, egal zu welcher Tageszeit er oder sie hereinschneit, wird von Pablito und seiner Frau auf das herzlichste bewirtet. Sicher gehen viele Pilger durch das Dorf, ohne Pablito zu treffen, denn kein Schild oder sonstiger Hinweis führt zu seinem Haus. – Miguel und ich hatten den Tip von Tomeo bekommen. – Aber ich nehme an, daß im Laufe eines Jahres Hunderte von Pilgern diese außergewöhnliche Gastfreundschaft genießen. Beim Abschied, nach Brot, Rotwein, Käse, Chorizo, gegrillter Blutwurst (!!!) und Kaffee, frage ich Pablitos Frau, wie wir uns für all diese Freundlichkeit und überwältigende Großzügigkeit erkenntlich zeigen können.

Die Antwort ist einfach: „Tu dasselbe!"

Der Nachmittag vergeht wie im Flug, Weinfelder, Teile der alten römischen Straße und blühende Rapsfelder wechseln einander ab. Peggy kommt uns entgegen – Ajiz hat sie im Schatten des Autos angehängt –, und zu dritt gehen wir die letzten Kilometer in der Hitze des Nachmittags nach *Los Arcos,* wo mich Ajiz freudig begrüßt. Jetzt heißt es Abschied nehmen vom Jakobsweg, wir fahren zu Peggy und Miguel nach Hause.

Gibt es eine Fortsetzung? Das Herz ist mir schwer, aber ich nehme mir vor, den Weg so bald wie möglich zu Ende zu gehen.

Montag, 3. April, Dienstag, 4. April
Intermezzo

Weg vom „Camino"! Es ist, als hätte ich mich von einem bekannten, vertrauten und auch liebgewonnenen Pfad entfernt. Erleichterung und Bedauern halten sich die Waage. Erleichterung, weil die Unsicherheit, der Zweifel und die

Selbstvorwürfe endlich vorbei sind. Schuld an der Krankheit von Ajiz sind die Zecken und nicht ich.

Und Bedauern deshalb, weil der Weg für mich vielleicht jetzt schon zu Ende ist. Für Ajiz ist auf jeden Fall Schluß, doch Peggy und Miguel können Ajiz nicht zu sich zu nehmen. Die Schwere seiner Erkrankung läßt sie vor dieser Verantwortung zurückschrecken. Außerdem haben sie zwei Kinder, einen eigenen Hund auch noch, und in der Karwoche erwarten sie Besuch von Freunden, einer Familie mit drei Kindern. Lieber wäre es mir zwar anders, aber ich verstehe sie gut. Schließlich sind sie bereit, Ajiz für drei Tage in ihre Obhut zu nehmen, damit ich wenigstens noch bis Burgos gehen kann. Burgos ist die wichtigste Station auf dem Pilgerweg in Spanien, dem „Camino Francés“, von dort sind es noch etwa 450 Kilometer bis Santiago, zwei Wochen, wenn ich gut gehe. Die hole ich nach, sobald ich irgendwie Zeit habe. Versprochen! Peggy und Miguel bin ich auf jeden Fall zu großem Dank verpflichtet, ohne sie wäre ich wirklich aufgeschmissen gewesen.

Am Dienstag wird die Diagnose Piroplasmose durch den Laborbefund bestätigt. Erst jetzt kann die korrekte medikamentöse Behandlung von Ajiz beginnen. Und es bleibt dabei: drei Wochen absolute Ruhe!

Morgen früh wird mich Miguel nach *Vitoria* zum Bus bringen, mit dem ich nach *Logroño* fahren will. Dort „steige“ ich dann wieder in den Camino ein. Die 116 Kilometer bis Burgos möchte ich in drei Tagen schaffen, ich habe meinen Freunden versprochen, Ajiz bis spätestens Samstag mittag abzuholen. Da werde ich Gas geben müssen! Aber ich habe so viel Frustration und Energie in mir aufgestaut, daß ich das sicher schaffen werde.

Mittwoch, 5. April — *Logroño – Azofra*
Endlich wieder Pilger!

Aufstehen im Morgengrauen, ich wecke Miguel, noch ein Kaffee, dann fährt er mich die 15 Kilometer nach *Vitoria* zum Bus nach *Logroño.* Das Stück zwischen *Los Arcos* und *Logroño,* etwa 25 Kilometer, wird sicher noch eine Weile eine Lücke auf meiner Pilgerfahrt sein, aber es wäre zu kompliziert, mit dem Bus von *Vitoria* nach *Los Arcos* zu gelangen, damit ich wirklich dort anfangen kann, wo ich aufgehört habe. Eines Tages schließe ich die Lücke, da bin ich mir hundertprozentig sicher.

Der Bus braucht ewig bis *Logroño,* so kommt es mir jedenfalls vor. Ich brenne vor Ungeduld, mein Pilgerleben wieder aufzunehmen. Der Bus bleibt öfter stehen, als er fährt, durchquert den Norden Riojas auf kleinen Straßen im Zickzack. Weinfelder, so weit das Auge reicht. – Endlich, gegen 11 Uhr, sind wir in Logroño. Noch schnell auf die Bank, um Pesetas zu wechseln, und dann raus aus der Stadt.

Es ist ein warmer, fast heißer Frühlingstag, ich bin mutterseelenallein am Weg. Ich platze vor Energie und komme entsprechend gut voran. Die fünf Kilometer auf einer vielbefahrenen Straße sind zwar gräßlich, aber in knapp einer Stunde liegen auch sie hinter mir. Der Weg führt durch Felder und über sanfte Hügel, ich finde meinen Rhythmus wieder und fühle mich sauwohl. Ajiz geht mir sehr ab, aber besser, ich gewöhne mich schnell an meinen hundelosen Zustand, denn ändern kann ich ihn sowieso nicht. Dafür belohne ich mich mit einer bukolischen Mittagsrast am *Alto de San Antón,* einem etwas höheren Hügel mit einem prächtigen Blick ins Land, über den seit Jahrhunderten der Jakobsweg verläuft. Brot, Käse, Chorizo, Rotwein und ein Apfel sind mein Menü und die weite, fruchtbare Landschaft zu meinen Füßen, die absolute Stille, die mich umgibt, der Frieden, der sich in mir ausbreitet, meine Tafelmusik.

Der Nachmittag wird heiß, sehr heiß. Ein Vorgeschmack auf die von den Pilgern so gefürchtete kastilische Meseta?

Najera würde sich eigentlich als Etappenziel anbieten, im Städtchen gibt es ein gutes Refugio. Aber erstens ist es noch zu früh zum Haltmachen, zweitens möchte ich heute keine Pilger treffen und drittens habe ich einfach noch Lust zu gehen. Meine Ausdauer wird belohnt, denn am Dorfeingang von *Azofra,* etwa sechs Kilometer nach *Najera,* wartet schon ein Empfangskomitee in der Gestalt von drei würdigen, schwarzgekleideten Frauen auf mich. Eine von ihnen, Maria, betreut das kleine Refugio des Dorfes, aber heute war noch kein Pilger angekommen. Also hatten sie und ihre zwei Freundinnen beschlossen, noch ein Stück in Richtung Osten zu wandern, um zu schauen, ob nicht vielleicht doch noch ein Pilger die zusätzlichen sechs Kilometer von *Najera* bis *Azofra* auf sich genommen hat. Und so werde ich als erster Pilger des Tages und damit „Ehrenpilger" auf das herzlichste empfangen und im Triumph ins Dorf eskortiert!

Das Refugio ist ein Kleinod, nämlich wirklich klein, dafür aber blitzblank geputzt, mit sauberen Betten und einer gemütlichen, gut eingerichteten Küche. Ein Blick ins Gästebuch bestätigt noch einmal meine Vermutung: Nicht viele Pilger übernachten hier, die Eintragungen liegen zeitlich relativ weit auseinander. Eine davon stammt von *Jorge*, dem Katalanen, der mich in *Puente la Reina* so nett getröstet hat. Zumindest über das Gästebuch haben wir also noch Kontakt ...

Maria besorgt mir von ihrem Bruder eine Flasche Rioja (Rosé – fruchtig, vollmundig, exzellent!), ich kaufe mir zur Feier der Rückkehr auf den Jakobsweg ein Bier und genieße auf der Bank vor dem Refugio den Sonnenuntergang. Am Abend bekomme ich noch Besuch vom Pfarrer, ein weiterer Hinweis auf die eher seltene Anwesenheit von Pilgern im Dorf, denn der Pfarrer wird nicht jeden Abend mit Pilgern plauschend im Refugio verbringen. Maria habe ihm von mir erzählt, und da wollte er nur vorbeischauen, um Grüß Gott zu sagen. Aus dem Grüß Gott wird eine lange und angeregte Unterhaltung, erst knapp vor Mitternacht wünschen wir uns gute Nacht. Kurz nach der Ankunft des Pfarrers klopft es erneut an die Tür, diesmal ist es ein älterer Bauer aus dem Dorf, der Licht im Refugio gesehen hat, und auch nur Grüß Gott sagen wollte!

Dieser erste Tag nach dem langen Intermezzo hat es richtig in sich, ich schlafe glücklich und zufrieden ein, nicht jedoch ohne vorher noch an Ajiz gedacht zu haben ...

Donnerstag, 6. April *Azofra – Belorado*
„Mensch, ein echter Pilger!"

Der Morgen beginnt, wie der Abend geendet hat. Der Pfarrer kommt kurz vorbei, um sich zu verabschieden, und Maria nimmt den Schlüssel fürs Refugio wieder in Empfang. Der Rucksack ist gepackt, die Schuhe gelüftet, der Camino wartet. Aber nicht nur er. Am Dorfausgang wartet schon der Bauer vom Vorabend vor seinem Haus auf mich, mit einer Flasche Wein in der Hand. Er besteht mit Nachdruck darauf, daß ich mit ihm – zur Stärkung – noch ein Glas trinke. Es ist zwar nicht meine Art, den Tag mit einem Glas Wein zu beginnen, aber in dem Moment kann und will ich nicht ablehnen. Die Gastfreundschaft und Herzlichkeit, die ich in diesem Dorf erfahren habe, ist überwältigend!

In dieser Stimmung vergeht der Vormittag wie im Flug. Der Himmel ist leicht bewölkt, die Temperatur ideal zum Gehen. Der Weg schlängelt sich, sanft ansteigend und fallend, durch Wiesen und Weinfelder. Die Straßen und ihre Bewohner, die Automonster, sind weit, nur selten erblicke ich ein Gehöft am Horizont. Bei einem dieser Höfe decke ich mich wieder mit Wein ein, denn mit Hilfe des Pfarrers hat die Flasche Rosé von Marias Bruder den Abend nicht überlebt.

Schon zu Mittag bin ich im berühmten *Santo Domingo de la Calzada.* Das Städtchen wurde nach dem Mönch und Ingenieur benannt, der schon zu Beginn des 11. Jahrhunderts Wege und Straßen – deshalb „Calzada" – für die Jakobspilger in dieser Region errichtete. Berühmt ist der Ort aber vor allem wegen des „Hühnerwunders", das sich hier ereignet haben soll. Eine Familie aus deutschen Landen, bestehend aus den Eltern und ihrem Sohn, einem feschen Jüngling, übernachtete auf Pilgerfahrt nach Santiago in der Herberge von Santo Domingo, deren Wirt eine nicht unhübsche Tochter hatte. Derselben gefiel der wohlgewachsene Jüngling gar und sie machte ihm ein ziemlich eindeutiges Angebot für die gemeinsame Gestaltung der Nacht. Was dieser als keuscher Jakobspilger entrüstet ablehnte. Das in seinem Stolz tief verletzte Mädchen versteckte daraufhin am nächsten Morgen einen silbernen Becher ihres Vaters im Reisesack des jungen Pilgers und bezichtigte ihn – die Familie wollte gerade aufbrechen – des Diebstahls. Man fand das wertvolle Stück, glaubte natürlich mehr der Einheimischen als dem Fremden und verurteilte diesen zum Tod durch den Strang. Das Urteil wurde sofort vollstreckt, die Eltern mußten alleine weiter gen Santiago ziehen. Doch zu ihrer ungeheuren Überraschung, als sie bei ihrer Rückkehr am Leichnam ihres Sohnes beten wollten, hing er immer noch am Galgen und rief ihnen zu, man möge ihn endlich herunternehmen, Sankt Jakobus habe ihn die ganze Zeit auf den Schultern getragen, weil er ja unschuldig sei. Der Richter, zu dem sie alsgleich eilten, saß gerade beim Mittagessen, man hatte ihm zwei knusprig gebratene Hähnchen serviert, und wollte die Geschichte vom lebendigen Gehängten natürlich nicht glauben. Er lachte nur kurz und erwiderte, dann müßten ja die Hähnchen vor ihm auf dem Teller auch noch leben. Worauf sich diese flatternd und gackernd erhoben und in Sicherheit brachten. Somit war die Unschuld des Burschen doppelt erwiesen, er konnte mit seinen Eltern heimziehen, und an seiner Statt wurden der betrügerische Wirt und seine Tochter gehängt.

Seither – und das ist immerhin schon an die 700 Jahre her – werden in der Kathedrale von *Santo Domingo de la Calzada* in einem Käfig zwei lebende Hühner gehalten, und es wird berichtet, daß heute noch so mancher Pilger (heimlich) eine Feder rupft, als Talisman für eine gesunde Rückkehr in die Heimat.

Nun, ich tu' das nicht – die armen gerupften Hühner! –, aber natürlich besuche ich die auch sonst eindrucksvolle romanische Kathedrale, es liegt ja hier auch der heilige Domingo begraben. Ich betrete in voller Pilgerausrüstung, das heißt mit Rucksack, Stock und Hut, die Kathedrale durch das Hauptportal, das sich knarrend hinter mir schließt. Vor mir erblicke ich eine Busladung deutscher Touristen, die gerade den Sarkophag des Heiligen und den Hühnerkäfig photographieren bzw. filmen. Das Knarren des Portals läßt einen von ihnen sich umdrehen, er sieht mich und ruft spontan aus: „Mensch, ein echter Pilger!“ Worauf fast die gesamte Gruppe ihre Objektive auf mich richtet und somit Hühner, Heiliger und echter Pilger zum beglückenden Dreifach-Photoerlebnis werden.

Bald hat mich die Mittagshitze wieder und leider auch die Straße. Nur wenige Kilometer führt der Weg abseits der Straße, den größeren Teil der Nachmittagsetappe muß ich am Straßenrand zurücklegen. Gräßlich! Da merkt man sehr schnell den Unterschied zwischen einer Wanderung und einer Pilgerfahrt! Zum Glück finde ich doch einen wunderschönen Platz in einem Wäldchen auf einem Hügel für meine Mittagsrast, die so wichtig ist für Leib und Seele. So gestärkt überstehe ich auch den heißen, trockenen und eintönigen Nachmittag. Am Abend, als ich mich müde, aber dennoch flotten Schrittes dem Refugio von *Belorado* nähere, erwartet mich eine freudige Überraschung: Vor dem Haus sitzen bei Brot, Wein und Käse Manuel und Elena aus Barcelona, Juan aus Venezuela und Tomeo der Mayorquín. Ich hätte mir nie gedacht, daß ich sie alle wiedersehen würde, die Freude darüber ist dafür umso größer! Alle erkundigen sich besorgt nach Ajiz und sind froh, daß es ihm wieder besser geht. Es ist erstaunlich, wie tief ein Tier in die Herzen von Menschen vordringen kann ...

Wir verbringen einen wunderschönen Abend in dem zum Refugio umfunktionierten Theater. Jeder von uns hat viel zu erzählen, wir haben uns ja schon so lange nicht mehr gesehen! Manuel und Elena seit *Puente la Reina,* Juan und Tomeo seit *Estella.* Es ist, als würden wir uns schon seit ewigen Zeiten kennen, so vertraut sind wir uns, so herzlich ist der Umgangston untereinander. Am Tisch sitzen noch eine junge Frau aus Deutschland – sie ist erst vor drei Tagen in den Jakobsweg „eingestiegen“ – und eine Familie, ebenfalls aus Deutschland, mit zwei Kindern, die jedes Jahr in den Osterferien ein Stück des Jakobsweges gehen, so lange, bis sie in Santiago ankommen. Das finde ich eine tolle Idee, mit der Familie einen Urlaub der besonderen Art zu machen. Muß ich mir merken, sollte ich jemals selbst eine Familie gründen.

Freitag, 7. April *Belorado – Burgos*
Erste Monsteretappe (53 Kilometer!)

Heute muß ich Burgos erreichen, ich habe Peggy und Miguel ja versprochen, Ajiz bis spätestens morgen, Samstag, wieder abzuholen. Ursprünglich hatte ich zwar geplant, in Spanien leiser zu treten, sprich kürzere Etappen zu machen, um den Weg und seine Ausstrahlung – Landschaft, Menschen, Kirchen ... – intensiver zu genießen. Die schwere Krankheit von Ajiz zwingt mich jedoch, vom Plan abzuweichen. Ob mein Weg wirklich in Burgos zu Ende sein muß? Vielleicht kann ich Jean und Francine bitten, Ajiz in Montpellier in Pflege zu nehmen, damit ich alleine mein Ziel Santiago erreichen kann? Oder muß ich doch irgendwann, in naher oder ferner Zukunft, das letzte Drittel des Jakobsweges vollenden?

Wie auch immer, wenn ich in Burgos bin, habe ich etwa 1150 km hinter mir, das ist schon weit mehr, als die meisten Pilger jemals zurücklegen. Und es war bisher traumhaft schön, ich muß zufrieden sein.

So früh ich auch aufbreche – draußen wird es gerade hell –, Juan und auch Elena mit Manuel sind schon weg. Sie gehen langsamer als ich, machen öfter Pause und auch kürzere Etappen. Deshalb konnte ich sie ja auch wieder einholen. Die Familie mit den zwei Kindern bricht gleichzeitig mit mir auf, nur die junge Frau aus Deutschland schläft noch. Es heißt, sie habe körperliche Probleme (jetzt schon?) und sei überhaupt nicht gut drauf, weshalb sie diesen Tag einmal „easy“ angehen wolle. Hoffentlich erfängt sie sich wieder und holen sie ihre offensichtlichen Probleme, die sie in Deutschland zurückgelassen hat, nicht wieder ein.

Es ist eine helle Freude, früh am Morgen zu gehen! Die Zeit vergeht schneller, auch die Distanzen scheinen kürzer. In *Villafranca Montes de Oca* decke ich mich mit Brot und Wein ein, denn bis *Burgos* werde ich wahrscheinlich kein Geschäft mehr zu Gesicht bekommen. Die *Montes de Oca* („Gänseberge“ – von manchen als Hinweis auf den keltischen Ursprung des Jakobsweges gedeutet, da die Gans von den Kelten als heiliges Tier, als Symbol der Verbindung zwischen Himmel und Erde, verehrt wurde) waren im Mittelalter ob ihrer Wildheit und Abgeschiedenheit von den Pilgern gefürchtet. Oft verirrten sie sich und verdursteten in der trockenen Einöde oder wurden Opfer von Räubern oder Bären und Wölfen.

All diese Probleme bleiben dem Pilger von heute erspart, nur der anstrengende Anstieg in die Hügel hat sich nicht verändert. Am Ende der Steigung, kurz vor *San Juan de Ortega*, hole ich Juan ein, er macht gerade seine Mittagsrast. *San Juan de Ortega* ist sein Tagesziel, während es für mich nur Halbzeit bedeutet. Schade. Denn einerseits erinnert mich dieses einsame Kloster sehr an *Saint Guilhem le Désert,* weckt also heimatliche Gefühle in mir, andererseits wird es von einem äußerst gastfreundlichen Pfarrer betreut, der abends alle Pilger, egal wie viele es sind – und die Herberge, deren Beginn ins 16. Jahrhundert zurückreicht, zählt heute 64 Betten! – mit einer kräftigen „Sopa de Ajo“ (Knoblauchsuppe), Brot und Wein bewirtet. Ich würde nur zu gerne den Abend mit meinen Pilgerfreunden verbringen! Denn im Laufe des Nachmittags werden sie sicher alle wieder eintrudeln. Aber versprochen ist versprochen, ich muß bis *Burgos, San Juan de Ortega* beherbergt mich nur für die mittägliche Siesta und für einen Besuch der Klosterkirche und der Krypta, in der ihr Erbauer aufgebahrt ist. San Juan de Ortega gründete in 12. Jahrhundert in der Wildnis der *Montes de Oca* diese Stätte als sichere Zuflucht für „die Armen des Jakobsweges“ (schreibt der Italiener Laffi im 17. Jahrhundert). Der Mönch, Weg- und Brückenbauer starb 1163, der Besuch seines Grabes soll Eheleuten zu einem männlichen Nachkommen verhelfen.

Am Nachmittag wird es wieder heiß, die Schritte langsamer, der Rucksack schwerer. Das Feuer und die Energie des Vormittags sind dahin, jetzt heißt es nur noch ankommen. Zu allem Überdruß verliere ich zum ersten Mal in Spanien den markierten Weg und gerate auf eine hochfrequentierte Nationalstraße, die nach Burgos hineinführt. Zehn Kilometer am Straßenrand!

Jeder vorbeirauschende Laster droht mir den Hut vom Kopf zu reißen, ich bin müde und durstig, ich will nur noch ankommen! Jetzt verstehe ich sehr gut, warum ich immer wieder vor Burgos gewarnt worden bin. Und warum viele Pilger ihren Pilgerstatus aufgeben und einen Bus nehmen oder versuchen, per Anhalter in die Stadt zu gelangen. Aber ich bin nun einmal ein sturer Hund, beiße die Zähne zusammen, fixiere nur noch den Meter Asphalt vor meinen Füßen und setze mechanisch Fuß vor Fuß. Ich durchquere so das gesamte Industrieviertel von Burgos, gehe vorbei an Schutthalden, Autofriedhöfen, qualmenden Fabriksschloten, abgerissenen Motels. Ich sehe nicht nur die Kehrseite des Jakobsweges, sondern die unserer Zivilisation überhaupt, die den Planeten Erde langsam (und immer schneller), aber sicher zur Müllhalde verwandelt. Aber auch das ist Realität, weder als Pilger noch als sonstwer darf ich davor die Augen verschließen.

Ich komme noch bis zum eigentlichen Ortsschild von Burgos, es beginnt das bewohnte Stadtgebiet, dann muß ich w.o. geben. Es wird dunkel, ich muß noch das ganze Zentrum durchqueren, um zur Pilgerherberge zu gelangen, die sich am westlichen Stadtrand befindet. Ohne allzu große Gewissensbisse nehme ich einen Bus, der mich die letzten zwei bis drei Stationen bis zur El Cid-Statue im Zentrum bringt. Von dort muß ich ohnehin wieder zu Fuß weiter. Und da passiert etwas, was mir zeigt, wie unsagbar müde ich sein muß: Ich bleibe mit dem Fuß an einem etwas überhöhten Pflasterstein hängen und strauchle. Der schwere Rucksack drückt mich nach unten, durch einen schnellen Ausfallschritt versuche ich den Sturz abzufangen, aber aus dem einen wird ein ganzes Dutzend immer schnellerer und kürzerer Schritte, bis ich schließlich – die Schwerkraft ist einfach stärker – in voller Länge auf dem Bauch lande und meine Hände und Knie elendiglich aufschürfe. Mein Gott, muß das blöd ausgesehen haben! Ich fluche still in mich hinein, rapple mich mühselig wieder hoch und schleppe mich weiter. Erst knapp vor dem Refugio bemerke ich zu meinem Entsetzen, daß beim Sturz mein Schweizer Messer, das ich am Brustgurt trage, aus dem Etui gerutscht sein muß. Scheiße und nochmals Scheiße! Es nützt alles nichts, ich gehe noch bis zum Refugio, setze dort den Rucksack ab und gehe die zwei Kilometer zurück in die Stadt, in der vagen Hoffnung, das Messer wiederzufinden. Es ist schon lange dunkel, vielleicht hat es noch niemand gefunden. Ich erinnere mich, wo ich gestürzt bin, berechne in etwa die Flug- bzw. Rutschbahn des doch eher schweren Messers, und ich kann es kaum glauben: es liegt genau dort, wo ich es vermutet habe! Die Freude darüber läßt Ärger, Müdigkeit und Schmerzen verschwinden, und bestens gelaunt komme ich zum Refugio zurück. Inzwischen sind dort zwei weitere Pilger eingetroffen, es sind zu meiner Überraschung alte Weggefährten, Alex und Eugenia aus Brasilien! Zum letzten Mal haben wir uns in *Puente la Reina* gesehen, als wir so heftig darüber diskutierten, wer denn als „richtiger" Pilger bezeichnet werden dürfe. Ich habe nicht erwartet, sie jemals wiederzusehen, hatten sie doch über eine Woche Vorsprung! Aber anscheinend hat Eugenia irgendwann einmal gestreikt – sie hatte ja schon in *Puente* große Probleme physischer Natur, aber ich vermute, auch mit der Motivation. Jedenfalls haben sie ihren Pilgerstatus neu definiert und sind jetzt mit Mountainbikes unterwegs. Deren Kauf – Räder nebst kompletter Ausrüstung first class – war mit den Kreditkarten der Papas kein Problem. Mit ihren Rädern machen sie auch touristische Abstecher abseits des Pilgerwegs, deshalb sind sie jetzt erst in Burgos. Auch sie sind sicher „echte" Pilger, auf ihre Art. João, der Dritte im Bunde, ist weiterhin zu Fuß unterwegs, sie haben keine Ahnung, wo er gerade ist und wie es ihm geht. Übrigens, Rahm-Makkaroni sind immer noch ihr Hauptnahrungsmittel. Ich koche mir wieder meine „Pilgerminestrone" – Päckchensuppe, aufgemotzt mit Knoblauch, Zwiebel, Reis, manchmal etwas Speck, was halt so im Rucksack ist. Vielleicht ist es meine letzte auf dieser Pilgerfahrt?

Samstag, 8. April – Dienstag, 11. April
Intermezzo II

Am Vormittag besichtige ich die Stadt, vor allem natürlich die immense Kathedrale. Ich komme mir als Tourist ganz komisch vor. Ich muß gestehen, die kleinen romanischen Kirchen und Kapellen wie Saint Guilhem, Eunate, San Juan de Ortega und manch andere haben einen tieferen Eindruck in mir hinterlassen. Da war mehr Platz für Einkehr, Besinnung und, wenn man will, auch Kraft.

Zu Mittag geht der Bus nach *Vitoria,* dort holt mich Miguel mit Ajiz ab. Die Wiedersehensfreude ist auf beiden Seiten riesig. Ajiz hat sich soweit schon recht gut erholt, die Reise zurück nach *Montpellier* wird er problemlos schaffen. Den Gedanken, mit ihm weiterzugehen, habe ich mir schon lange aus dem Kopf geschlagen, was vorbei ist, ist vorbei.

Am Palmsonntag bringt uns Miguel mit dem Auto zur französischen Grenze, wofür ich ihm unendlich dankbar bin. In Spanien ist es nämlich unmöglich, mit einem Hund ein öffentliches Verkehrsmittel zu benützen, auch nicht mit Maulkorb. Ich hätte Ajiz entweder in einem Käfig als Frachtgut (!!!) verschicken oder in einem Nachtzug ein gesamtes Schlafwagenabteil für mich alleine mieten müssen! So gesehen ist es ja fast ein „Glück", daß Ajiz nicht erst später, schon mitten in Spanien, krank geworden ist! Und wenn wir es gemeinsam bis Santiago geschafft hätten, wie hätten wir die 700 Kilometer zur Grenze zurückgelegt? Vielleicht wie die Pilger im Mittelalter – zu Fuß? Das wäre natürlich *die* authentische Pilgerfahrt geworden.

Ich muß an eine spanische Volksweisheit denken, deren Wahrheit wieder einmal bestätigt wird: No hay mal que por bien no venga! Es gibt nichts Schlechtes, das nicht auch etwas Gutes in sich birgt ...

In Frankreich gibt es keine Probleme, Hunde zahlen den halben Fahrpreis, besser gesagt ihr Besitzer. Schon am Abend desselben Tages sind wir in Montpellier. Die Fahrt war beeindruckend. Denn mehrmals habe ich Brücken, Straßenstücke und Flüsse wiedererkannt, die ich vor – wie mir scheint – ewigen Zeiten zu Fuß begangen hatte. Ein Wahnsinn, wie schnell das Land an einem vorbeigezogen wird – und zu Fuß habe ich dafür mehrere Wochen benötigt!

Ich bin offensichtlich wieder zurückgekehrt in die Zeit- und Geschwindigkeitsdimension des 20. Jahrhunderts. Jetzt wird mir erst so richtig bewußt, wie viele Welten mich als Pilger von der heutigen – modernen – Zeit trennen! Sind sie überhaupt miteinander in Einklang zu bringen? Oder geht nur das eine *oder* das andere?

Ein riesiger Stein fällt mir vom Herzen! Francine und Jean haben sich angeboten, Ajiz in Pflege zu nehmen, damit ich „meinen Weg zu Ende gehen" kann! Am Montag sind wir beim Tierarzt, der Ajiz gut kennt und gerne mag. Er bestätigt die Diagnose Piroplasmose und sieht kein Problem darin, wenn ich Ajiz bei Francine lasse. Hiermit möchte ich dir, liebe Francine, öffentlich und damit hochoffiziell den Orden erster Klasse für Freundschaft und Tierliebe verleihen!

Am Nachmittag fahre ich noch kurz nach *St. Jean* zu mir nach Hause, „erleichtere" mich, indem ich einen Teil des Gepäcks zurücklasse – die Wintersachen brauche ich nun wirklich nicht mehr! –, trinke mit meinen Freunden im Dorf einen Pastis und kaufe Wein für Jean und Miguel. Als kleines Dankeschön für ihre Solidarität sozusagen.

Ich bin wieder startbereit, aber irgendwie zerrissen. Der „Camino" fehlt mir, das Haus in St. Jean wird mir bald fehlen, das Sabbatjahr geht dem Ende entgegen, und nach Österreich kehre ich eigentlich auch gerne zurück. Bald wird es wieder heißen, Vertrautes und Gewohntes loszulassen. Der Moment des Loslassens ist immer schwierig, aber ist der Schritt einmal gesetzt, geht es wieder, und das Unterwegssein auf etwas Neues hin ist sowieso immer spannend.

Am Dienstag „beame" ich mich mit dem Auto zurück zu Peggy und Miguel nach Vitoria – sieben Stunden Fahrt! Und wieder die Begegnung mit Plätzen, die ich vor Wochen als Fußgänger kennengelernt habe. Erinnerungen werden wach, und so etwas wie Heimweh, eine leichte Wehmut, überkommt mich. Es war wunderschön, aber es ist Vergangenheit! Die Vorfreude auf das Wiedereinklinken in den Camino, auf das Wiederfinden der Langsamkeit, wird aber bald stärker. Auch das schlechte Gewissen, das ich verspüre, weil ich Ajiz zurücklasse, weicht langsam dieser Vorfreude. Beim Dahinrasen auf der Autobahn, wieder in dieser unwirklichen Dimension der Zeit und Geschwindigkeit, fallen mir die nordamerikanischen Indianer ein, die immer, wenn sie längere Strecken zu Pferd zurücklegen mußten, in regelmäßigen Abständen vom Pferd stiegen und sich eine Weile auf den Boden legten, um ihrer Seele, die ja viel langsamer unterwegs ist, Gelegenheit zu geben, sie wieder einzuholen. Ab morgen bin ich wieder im Rhythmus meiner Seele unterwegs!

Apropos Seele: Seit ich die Pyrenäen überschritten habe, widme ich jeden Tag einer Person, die mir nahesteht. Eltern, Geschwister, Freundinnen, Freunde, Patenkinder ... Als ich gestern in *St. Jean* war, habe ich erfahren, daß Dominique, ein Freund aus alten Zeiten, am 24. März seiner schweren Krankheit erlegen ist. Ich bin mir nicht sicher, aber es muß um den 24. herum gewesen sein, als ich ihm einen Pilgertag gewidmet habe ...

Die Begegnung mit Dominique und seinen Freunden vor mehr als 20 Jahren – ich war nach dem Abschluß meines Studiums 1974 per Anhalter kreuz und quer durch Südfrankreich gereist – war der Beginn von unzähligen Freundschaften mit Menschen aus dem Languedoc, und auch der Beginn einer intensiven „Liebesgeschichte“, die mich bis heute mit dieser Region im Südwesten Frankreichs verbindet.

Wie viele andere Bewohner der eher kälteren Regionen Europas schwärmte ich als Student für die Provence, ihren Duft nach Knoblauch, Thymian und Lavendel, ihre Sonne, ihren Wein, ihre Pinienwälder, ihre wilden Schluchten und nicht zuletzt ihre immens reiche Geschichte und Kultur. Der Höhepunkt dieser „Provençophilie“ sollte – so dachte ich jedenfalls – ein ganzes Jahr (1974) werden, das ich in einer politisch engagierten Landkommune im Hinterland der Provence, in Longo Mai, verbringen wollte. Durch meine langjährige

Beschäftigung mit der Dritten-Welt-Thematik neben und während meinem Volkswirtschaftsstudium, vor allem aber durch das Jahr, das ich im Indianerhochland von Guatemala verbracht hatte, sah ich mich außerstande, eine Berufslaufbahn als klassischer Volkswirt einzuschlagen. Was ich aber statt dessen tun sollte, war mir nicht ganz klar. So schien mir die Möglichkeit, ein Jahr lang in der Provence zu leben, in Longo Mai neue Erfahrungen zu machen, meinen Horizont zu erweitern und eventuell berufliche Perspektiven zu entwickeln, äußerst verlockend. Nun, das Jahr dauerte ganze drei (!) Tage. Longo Mai entpuppte sich als (politische) Sekte, paranoid, extrem hierarchisch strukturiert und mit einer eindeutig auf die Entindividualisierung seiner „Untertanen" – als solcher fühlte ich mich sehr rasch – abzielenden Praxis. Noch heute graut mir vor einer nach den Ideen von Longo Mai (1974, wohlgemerkt, heute sieht es vielleicht anders aus) gestalteten Welt.

Da ich mich aber von Freunden und Familie für ein ganzes Jahr verabschiedet hatte und außerdem keine Ahnung hatte, was ich mit den verbleibenden 362 Tagen dieses Jahres anfangen sollte – auch die Enttäuschung über diesen Reinfall mußte ich erst noch verdauen –, beschloß ich einfach, per Anhalter die Provence zu bereisen und vor allem das Gebiet westlich des Rhonetals, eben das Languedoc, zu erforschen, wo ich noch nie vorher gewesen war.

Eines Nachmittags nahm mich am Ortsausgang von *Ganges* ein Medizinstudent aus Montpellier in seinem 2CV mit, der zu einem großen Fest auf den Larzac unterwegs war. Larzac sagte mir etwas, dort tobte seit Jahren eine heftige Auseinandersetzung zwischen einer Volksbewegung und der französischen Regierung, die auf dem karstigen Plateau Hunderte von Bauern, in ihrer Mehrzahl Schafzüchter, enteignen wollte, um auf dem „menschenleeren und ökonomisch uninteressanten" Plateau ein riesiges militärisches Übungsgelände zu errichten.

Das interessierte mich sehr, also nahm ich das Angebot von Olivier, mich bis auf das Plateau mitzunehmen, gerne an, trotz seiner Warnung, ich würde in dieser gottverlassenen Gegend am späten Nachmittag sicher kein Auto mehr finden, das mich weiter mitnehme. Das wollte ich auch gar nicht, die Gelegenheit, den Larzac kennenzulernen, war mir zu verlockend. Ich hatte in *Ganges* Proviant eingekauft, im Tramperrucksack war mein Zelt – ich war für alles gerüstet. Nein, nicht alles. Daß ich heute, mehr als 25 Jahre später, immer noch zum Freundeskreis von „Le Coulet“ gehöre, konnte ich mir damals, als ich unter strömendem Regen mein Zelt aufschlug, nicht vorstellen.

Aus der Einladung, einen Kaffee zu trinken und meine vom Platzregen klatschnassen Glieder etwas aufzuwärmen, wurde zunächst eine Einladung zum Fest, am darauffolgenden – verkaterten – Morgen die Einladung, noch länger zu bleiben und beim Bau eines offenen Kamins mitzuhelfen, und wenig später die Frage, ob ich nicht Lust hätte, bei der bald beginnenden Weinernte mitzuarbeiten.

Schon im Verlauf des Festes – ich kann mich an neun (!) Gänge erinnern, alle begleitet vom herben und fruchtigen Landwein der Gegend – wurde mir klar, daß das, was ich in Longo Mai erwartet, aber nicht gefunden hatte, vor mir saß. Menschen, die das Leben liebten, denen die Welt aber dennoch nicht wurscht war. Menschen, die sich politisch engagierten, die aber dennoch das Leben liebten. Menschen aus allen Bevölkerungsschichten, aus unterschiedlichen Berufen – Weinbauern, Schafzüchter, Universitätsprofessoren, Studenten, Erwachsenenbildner, Politiker – und aller Altersstufen. Alle natürlich Feuer und Flamme für den Kampf gegen die Enteignungspläne der Regierung und aktiv in der Volksbewegung engagiert.

Aus der ersten Weinernte sind acht geworden, aus der ersten Nacht im Zelt auf dem Larzac-Plateau sind unzählige Nächte bei meinen Freunden in *Montpellier* und *St. Jean de la Blaquière* geworden. Heute werde ich im Kreis der Männer, die sich täglich, mit der Baguette unter dem Arm, vor dem Abendessen unter der Platane auf dem Dorfplatz von St. Jean versammeln, fast als Einheimischer aufgenommen. Aus den kleinen Buben von 1974 sind erwachsene Männer geworden, mit denen ich so vertraut bin, wie es eben unter alten Freunden üblich ist.

7. Kapitel

La Meseta

Mittwoch, 12. April *Burgos – Castrojeriz*
Der Camino hat mich wieder

Nach einer Busfahrt von Vitoria nach Burgos reihe ich mich – endlich! – wieder in den Camino ein. Es ist schon elf Uhr vormittags und ich gebe gleich kräftig Gas, wenn man beim Gehen überhaupt von Gasgeben sprechen kann. Ich habe unbändige Lust, nach Santiago zu kommen, und Ajiz will ich so kurz wie möglich alleine lassen.

An diesem wunderbaren Frühlingstag dauert es nicht lange, bis ich wieder im vertrauten Rhythmus bin – Arme, Stock und Beine bewegen sich gleichmäßig und gut aufeinander abgestimmt, auch die Atmung paßt sich der Bewegung an. Sollten heute Pilger von *Burgos* aufgebrochen sein, sind sie weit vor mir, ich habe die „meseta", die Hochebene von Kastilien, ganz für mich alleine. Es ist ein wunderbares Gehen.

Der Weg – es ist seit Jahrhunderten unverändert der gleiche – liegt klar vor mir und führt schnurgerade nach Westen, hinein in den unendlich scheinenden Horizont, der durch keinen Baum und keinen Hügel begrenzt wird. Keine nennenswerten Steigungen sind zu überwinden, keine Pkws, Lastwagen oder Busse bedrohen mich, der Weg führt weitab von allen Straßen durch Felder, die jetzt im Frühling mit einem zarten Grün bedeckt sind.

Die Meseta ist unter den Pilgern gefürchtet. Im Sommer herrscht glühende, schattenlose Hitze, im Winter bittere, beißende Kälte, begleitet und verstärkt durch einen bis zu den Knochen vordringenden, unbarmherzigen Wind. So wird jedenfalls berichtet, bestätigen kann ich weder das eine noch das andere, denn ich finde heute geradezu ideale Bedingungen vor. Meine Füße finden den Weg von alleine, mein Kopf ist frei zum Nachdenken, Träumen, Fliegen ... Das Gehen wird zur Meditation, so stark wie bisher noch nie.

Am frühen Nachmittag hole ich drei Pilgerinnen ein, die gerade Rast machen. Es sind „meine Gringas", denen ich in *Puente la Reina* Stöcke geschnitten habe! Sie sitzen auf Steinen in der prallen Sonne und essen ein paar Orangen. Keine ordentliche Jause, kein schattiger Platz zum Ausruhen - den einen oder anderen kleinen Baum findet man auch auf der Meseta, wenn man danach sucht - und natürlich keine Siesta. Kein Wunder, daß sie so mühsam und schleppend vorankommen. Aber es ist bewundernswert, wie sie trotz aller Probleme - Blasen, Muskelkater, Sonnenstich, wundgeriebene Schultern - an ihrem Ziel, Santiago, festhalten. Sie werden es sicher schaffen.

Ich begleite sie, bis ich einen Strauch finde, der mir etwas Schatten und Windschutz bietet, und zelebriere meine schon zur lieben Gewohnheit gewordene Mittagsrast. Am späten Nachmittag, ein paar Kilometer vor *Castrojeriz,* meinem Tagesziel, hole ich Kate, eines der Mädchen, wieder ein. Sie kann sich kaum mehr auf den Beinen halten, schleppt sich eigentlich nur mehr vorwärts, aber mein Angebot, ihren Rucksack bis zum Refugio zu tragen, wird beinahe empört zurückgewiesen.

Noch bevor ich das Refugio aufsuche, statte ich der Pfarrkirche Santo Domingo (15. Jahrhundert) einen Besuch ab. Im Mittelalter war das Dorf eine wichtige Pilgerstation und besaß zeitweise sieben (!) Klosterhospize. Heute gibt es noch drei Kirchen und ein kleines, aber sauberes Refugio im Ort. Am Ausgang der Pfarrkirche stehen zwei junge Männer, gekleidet in Shorts und T-Shirts, und betteln schweigend. Eigenartig.

Im Refugio gibt es ein Wiedersehen mit Tomeo aus Mallorca - die Überraschung ist groß, denn ich hatte ihn schon weit vor mir vermutet. Aber er erzählt mir, daß auch er eine Zwangspause einlegen mußte. Er hatte Durchfall bekommen, dadurch zuviel Flüssigkeit verloren und in der Folge nicht genügend getrunken, um den Flüssigkeitsverlust auszugleichen. Die daraus resultierende Dehydrierung bescherte ihm Ödeme an beiden Unterschenkeln, begleitet von hohem Fieber. Ein Arzt in einem der Dörfer am Weg hatte ihn gratis behandelt und ihm zwei absolute Ruhetage verschrieben - Aufgeben oder Umkehren kam für ihn natürlich überhaupt nicht in Frage. Nun ist Tomeo wieder unterwegs, mit dick bandagierten Unterschenkeln und vorerst kürzeren Tagesetappen, aber unbeirrt und voller Optimismus. Von Tomeo erfahre ich auch, daß die junge Deutsche, die mir schon in *Belorado* aufgefallen war, schließlich in *Burgos* aufgegeben hat. Sie war in Tränen aufgelöst im Refugio von Burgos eingetroffen und hatte den ganzen Abend nicht zu weinen aufgehört. Also haben sie ihre Probleme doch eingeholt. Was mich nicht überrascht, denn wenn ich vor etwas mit Sicherheit nicht davonlaufen kann, dann vor mir selbst.

Mir geht es sehr gut. Ajiz fehlt mir zwar sehr, aber ich weiß ihn in guten Händen und bin glücklich, wieder Teil des Camino zu sein. Am Abend klärt sich noch das Geheimnis der beiden jungen Bettler am Tor der Pfarrkirche Santo Domingo. Es sind zwei junge Polen, die schon seit Monaten auf Pilgerfahrt nach Santiago sind, kaum ein Wort Spanisch sprechen und beschlossen haben, ausschließlich von den Gaben mildtätiger Menschen zu leben.

Erstaunlich, wer alles auf dem Jakobsweg unterwegs ist!

Donnerstag, 13. April *Castrojeriz – Villacazar* *La Meseta*

Ich komme früh weg, es ist ein wunderschöner, kühler Frühlingsmorgen. Nach der Überquerung einer alten Römerbrücke, wo sich der Weg wieder hinauf auf die Ebene schlängelt, stelle ich fest, daß jemand noch früher als ich aufgebrochen ist. Einige hundert Meter vor mir sehe ich einen Pilger, der ebenfalls recht kräftig ausschreitet. Langsam komme ich ihm näher, doch dann bleibt der Abstand zwischen uns gleich, obwohl ich sicher nicht langsamer geworden bin. Das kann also nur heißen, daß er mich hinter sich bemerkt und seinen Schritt beschleunigt hat, damit ich ihn nicht überhole. Das kenn' ich doch von der Autobahn! Aber hier, am Jakobsweg, bin ich doch etwas überrascht. Was soll ich jetzt tun? Soll ich einem ehrgeizigen Pilger zuliebe langsamer gehen als gewohnt, oder gar eine Pause einlegen, was ich so schnell nach dem Start in der Früh eigentlich nie mache?

Ich beschließe, diesem absurden Wettlauf ein Ende zu bereiten, indem ich meinerseits etwas schneller als normal gehe, um so zum „Kampfpilger“ aufzuschließen. An seiner Seite angelangt begrüße ich ihn, wir wechseln einige Worte miteinander, gehen ein Stück gemeinsam. Er kommt aus Deutschland, hat in *Castrojeriz* im Hotel übernachtet, weil ihm die Refugios zu schmutzig sind, und ist erst seit ein paar Tagen unterwegs. Was würde er erst über das Dreckloch von *Monreal* erzählen, wenn ihm die für mich doch eher ordentlichen Refugios schon zu dreckig sind? Die Diskussion über den „wahren“ Pilger, die mein und der Brasilianer Gemüt so erhitzt hat, fällt mir wieder ein, aber ich habe keine Lust, mit ihm - obwohl er Pilger ist, bleibt er mir fremd - länger zu reden. Zwischen uns kommt es nicht zum „Funkensprung“, wir sind zu verschieden, außerdem sind wir beide, das haben wir zumindest gemeinsam, Individualisten, haben einen unterschiedlichen Rhythmus und offensichtlich auch einen anderen Zugang zum Jakobsweg. Nach einer Weile bleibt er hinter mir zurück, jeder geht weiter seines Weges. Nicht tragisch.

Jetzt bin ich mitten in Kastilien - karge Hochflächen, ewige Weizenfelder, fast keine Bäume, geschweige denn Wald. Schnurgerade, staubige Wege und ein scharfer, äußerst unangenehmer Nordwind. Die Pilgerquelle „Fuente de piojos“ (Läusequelle - warum wohl?) bleibt hinter mir, auch die von Alfons VI. im 11. Jahrhundert gestiftete Brücke Puente Fitero wird ein Opfer meiner rasch ausschreitenden Füße, der berühmten gotischen Gerichtssäule („Rollo“) von *Boadilla del Camino* schenke ich ebenfalls - im Vorbeigehen - nur einen kurzen Blick. Zu sehr zieht es mich weiter.

Für die Mittagspause finde ich Gott sei Dank einen der wenigen schattigen Plätze auf der Strecke: einige Bäume am Ufer des großen kastilischen Kanals, der wichtigsten Bewässerungsader der Region.

Am Nachmittag hole ich Tomeo ein, er dürfte, während ich im Schatten meine Siesta genoß, an mir vorübergezogen sein. Bis *Fromista* gehen wir gemeinsam. Er bleibt im Refugio, mit seinen kranken Beinen muß er sich ja noch schonen. Ich möchte heute noch bis *Villacazar de Sirga* kommen, deshalb halte ich mich auch nicht lange im Ort auf, obwohl sein Prunkstück, die Kirche *San Martín,* sehr wohl Beachtung verdienen würde. Sie wurde 1066 von Navarras Königin Doña Mayor gestiftet, die auch die Brücke in *Puente la Reina* hatte erbauen lassen. Die ehemalige Klosterkirche wirkt im Vergleich zu anderen Bauten der frühen Romanik viel leichter, heller und freundlicher.

Ab *Fromista* komme ich zum ersten Mal in den Genuß einer Novität des spanischen Jakobsweges: Ein eigens für die Pilger angelegter Schotterweg parallel zur Straße, die ja dem historischen Pilgerweg entspricht. Man hatscht also nicht mehr direkt am Straßenrand, wegen des dichten Verkehrs unter Dauerstreß – ich betone: *echter* Streß! –, sondern auf einem staubigen, schnurgeraden Schotterweg. Eine große Erleichterung, aber man tauscht Gefahr und Streß gegen unendliche Langeweile ein. Ich verstehe, daß es Pilger gibt, die sich dieses Wegstück ersparen, indem sie mit dem Bus oder per Anhalter fahren. Kommt für mich natürlich nicht in Frage. Der Wind, der Staub und die Langeweile sind zwar alles andere als angenehm, aber Meseta ist Meseta, sie gehört einfach zum Jakobsweg dazu. Außerdem habe ich wirklich schon Schlimmeres hinter mir.

Schon am späten Nachmittag komme ich nach *Villacazar,* da war ich anscheinend gut unterwegs, schließlich waren es heute 37 Kilometer. Nachdem auch die Tage immer länger werden, habe ich einen schönen, langen Abend vor mir, den ich zum Ausruhen, Duschen, Besichtigen, Lesen und Tagebuch-Schreiben zu nutzen gedenke.

Das Refugio ist klein, relativ sauber, gemütlich – und leer. Kein Mensch außer mir hat die Tagesetappe nach *Fromista* noch verlängert. Wieder einmal macht es sich bezahlt, aus den „normalen“, von den Wegführern vorgeschlagenen Etappen rauszuspringen und ein Stück weiter zu gehen. Der Preis für die zusätzliche Anstrengung ist dann ein leeres oder fast leeres Refugio und damit eine ruhige Nacht ohne Schnarchkonzert.

Die „Virgen Blanca", die Weiße Muttergottes von *Villacazar,* war im Mittelalter drauf und dran, dem Apostel Jakobus den Rang als wichtigste Pilgerstätte abzulaufen. Besonders seitdem die Berichte von Wundern an ihrem Bild zunahmen und Kartäuser und Zisterzienser dem Marienkult einen immer wichtigeren Platz einräumten, begann vor allem das einfache Volk mehr und mehr seine Zuflucht und sein Heil bei der Gottesmutter zu suchen. Die beeindruckende, strenge gotische Kirche Sta. Maria aus dem 13. Jahrhundert soll vom Orden der Tempelritter errichtet worden sein.

Ich freu' mich schon auf das Abendessen – heute will ich zur Feier des Tages ins Gasthaus gehen –, denn der Wirt des weithin berühmten Restaurants „El Mesón", selbst oft als Jakobspilger gekleidet, soll jeden (Fuß-)Pilger zu einem einfachen Abendessen einladen, egal wie viele Gäste er sonst noch hat.

Doch ich habe mich zu früh gefreut, ich gehe nämlich zum falschen Wirtshaus, das zudem geschlossen ist. In das andere, offene, vollbesetzte – es wäre das richtige gewesen – trau' ich mich nicht hinein. (Einen Rest Schüchternheit habe ich mir also doch noch bewahrt!) Macht nichts, dann koch' ich halt wieder meine geliebte Pilgersuppe.

In der Zwischenzeit sind doch noch Pilger im Refugio eingetroffen, drei Katalanen aus Barcelona. Auch sie sind heute früh von *Castrojeriz* aufgebrochen. Wir essen gemeinsam zu Abend und gehen alle früh schlafen. Vielleicht habe ich irgendwann wieder eine Chance, beim Wirt vom „El Mesón" vorbeizuschauen ...

Karfreitag, 14. April — *Villacazar – Bercianos*
„La solitude, fidèle compagne"

Ein langer, einsamer Tag. Aber ich fühle mich wohl. Es gelingt mir, früher als gewöhnlich aufzustehen, knapp nach Sonnenaufgang stehe ich schon abmarschbereit auf dem Platz vor der strengen Templerkirche von *Villacazar.* Ein letzter bedauernder Blick auf den „Mesón del Templero", wo mir ein gutes Abendessen entgangen ist. Und hinein geht es in die Kühle des Morgens. Es ist dies die schönste Zeit zum Gehen. Der Körper – vor allem die Füße – ist ausgeruht, die Temperatur – acht bis zehn Grad – ist zum Wandern geradezu ideal, weit und breit ist kein Mensch zu sehen, und vor mir liegt, ausgebreitet wie ein überdimensionaler Teppich, die einsame kastilische Landschaft, in die mich jetzt meine Füße hineintragen. Ein ähnliches Gefühl habe ich, wenn ich von der frischen Morgenluft vorsichtig in das kalte Wasser eines Sees gleite und mit den ersten Schwimmbewegungen in die spiegelglatte Oberfläche des dunklen und ruhigen Wassers die ersten kreisförmigen Wellen zaubere.

Der Weg verläuft – Gott sei Dank! – bis *Carrión de los Condes* abseits der Straße. Für mehrere Kilometer ist der einzige Baum auf dieser leeren Fläche – er ist sogar in den Führern erwähnt! – der alleinige Orientierungspunkt. Es ist interessant, ihn am Horizont auftauchen zu sehen, zuerst die Krone, wie der Mast eines Segelschiffes auf offenem Meer, und schließlich den ganzen Baum. Die Erde ist also doch rund! Ich kann mir gut vorstellen, wie ein müder und durstiger Pilger auf der Suche nach Schatten verzweifelt, wenn der Baum unendlich lange braucht, um näherzukommen. Mein Problem ist das nicht, die Mittagspause ist erst nach *Carrión de los Condes* geplant, dort gibt es wieder mehr schattenspendende Vegetation – aber auch ganz schön viele Pilger und vor allem einige Kilometer auf der Straße – gerade richtig für einen Karfreitag.

Mit einem doch etwas höheren Tempo – schließlich habe ich schon 1200 Trainingskilometer hinter mir – hole ich die Pilger, die anscheinend von *Carrión* aufgebrochen sind, einen nach dem anderen ein. Es sind so viele, daß ich ungefähr nach dem fünfzehnten das Grüßen einstelle. Viele nutzen offensichtlich die Karwoche für einige Kilometer auf dem Jakobsweg.

Nach der Mittagsrast beginnt die heiße, trockene, eintönige Tageshälfte, die Kilometer werden länger. Dennoch widerstehe ich der Versuchung, die Etappe in *Sahagún* zu beschließen, und hatsche noch neun Kilometer weiter bis *Bercianos del Real Samino.* Immerhin war *Sahagún* eine wichtige Stadt auf dem Jakobsweg, schon im 9. Jahrhundert stand hier ein wichtiges Kloster, und seit 1079 war es eine der bedeutendsten Niederlassungen der Cluniazenser in Spanien. Auch die berühmte Kirche „La Peregrina" (13. Jahrhundert), in der die Madonna als Pilgerin dargestellt ist, muß auf meinen Besuch verzichten. Die Entscheidung, nicht in *Sahagún* zu bleiben, stellt sich als richtig heraus – war es mein geschärfter Pilgerinstinkt? –, denn später erfahre ich, daß das Refugio dort geschlossen ist und Schlafplätze in *Sahagún* überhaupt schwierig zu finden sind.

Die eineinhalb Stunden auf den Schotterband bis *Bercianos* sind dann noch eine mühsame Angelegenheit. Die untergehende Sonne knallt mir voll ins Gesicht, die Knie tun weh, der Rucksack drückt, Mund und Kehle sind staubtrocken, ich habe Durst.

Das Refugio entpuppt sich – wieder einmal – als die Ruine der alten Dorfschule, diesmal sogar ohne Wasser und Strom, ein einziger Raum mit einer schmutzigen Matratze ist benutzbar. Macht nichts, Hauptsache, ich bin da. Das Wasser hole ich aus dem Dorfbrunnen, eine Bäuerin schenkt mir etwas Öl zum Ausbraten von Zwiebel und Knoblauch, meine Zwiebelsuppe schmeckt wunderbar.

Warum „fliegen" seit Tagen, eigentlich seit Burgos, Häuser, Dörfer, Kirchen, Wälder und Felder an mir vorüber, warum komme ich dem Bild des zu schnell Reisenden jetzt nahe? Natürlich, ich rase nicht, meine Gehgeschwindigkeit übersteigt nie sechs Stundenkilometer, aber das ist für einen Fußgänger doch sehr schnell. Beim Gehen habe ich mich heute und die letzten Tage nur auf das endlos scheinende Schotterband konzentriert, das wie das Laufband in einem Fitneßstudio vor mir abrollte. Ich schaute kaum nach links oder rechts, ich ging nur. Mache ich vielleicht gerade eine Pilger-Sinnkrise durch?

Viel Zeit zum Nachdenken habe ich nicht, die 51 Kilometer von heute verlangen heftig ihren Tribut, und mein Körper leistet nicht lange Widerstand. Binnen Sekunden schlafe ich wie ein Stein.

Karsamstag, 15. April *Bercianos – León*

Frauen

Beim Zähneputzen am Dorfbrunnen denke ich noch einmal über meine Kilometerfresserei in den letzten Tagen nach. Und ich komme zum beruhigenden Ergebnis, daß es keine Pilger-Sinnkrise ist, die ich gerade durchlebe, sondern daß sich einfach mit der schweren Krankheit von Ajiz, dem langen „Herumhängen“ in *Puente la Reina* und schließlich dem endgültigen Ausfall meines treuen Gefährten für meine Pilgerfahrt viel geändert hat. Wäre es eine Sinnkrise, würde ich ans Aufgeben denken – das kommt gar nicht in Frage! – oder Etappen mit Zug oder Bus abkürzen, um schneller ans Ziel zu gelangen. Auch das kommt nicht in Frage. Was hat sich dann geändert?

Bis *Puente la Reina* habe ich den *Weg* genossen, ich habe auf ihm gelebt, gerne gelebt. *Santiago,* das Ziel, war eigentlich nur der Grund, der Vorwand, wenn man so will, um dieses Pilger- und Zigeunerleben zu führen. Jedoch seitdem ich ohne Ajiz unterwegs bin, sind der Weg und das Leben auf ihm, mit all den Begegnungen, nicht mehr vorrangig, es ist das Ziel, *Santiago,* das für mich immer wichtiger wird, während der Weg das Mittel zum Zweck wird. Wenn ich mir nicht vorgenommen hätte, nach *Santiago* zu gehen, hätte ich schon lange abgebrochen. Aber jetzt will ich endlich ankommen!

Irgendwie beruhigt mich diese Erkenntnis, und ich habe kein schlechtes Gewissen, als ich von *Bercianos* wieder zurück zum Pilger-Schotterband gehe und es schnellen Schrittes unter meinen Füßen abrolle.

Nach etwa einer Stunde – der Morgen ist kühl und frisch – erblicke ich weit vor mir, wirklich weit, denn nichts außer der natürlichen Erdkrümmung hält den Blick in der Meseta auf, eine Gruppe von Menschen, die in die gleiche Richtung gehen, höchstwahrscheinlich Pilger. Ich nehme mir vor, sie einzuholen, um etwas Abwechslung in den öden Trott am Schotterband zu bringen, der Hatscherei einen Sinn zu geben, und sei es auch nur den des Wettbewerbs – obwohl die Betroffenen davon natürlich gar nichts wissen. Ich hol' sie auch ein, aber es dauert eine ganze Weile. Sie tragen nur kleine Tagesrucksäcke, ich vermute, es sind „Teil-Pilger". Und tatsächlich, sie gehören zu einer 50-köpfigen Reisegruppe aus San Sebastián, die mit einem Begleitbus auf dem Jakobsweg unterwegs sind. Je nach Laune und/oder Kondition können sie Teilstücke des Weges zu Fuß zurücklegen, an vereinbarten Treffpunkten holt sie der Bus wieder ab. Mittag- und Abendessen sowie Übernachtung sind organisiert, ihr Hauptgepäck reist im Bus mit. Meine Weggefährten bis *Mansilla de las Mulas,* wo schon das Mittagessen auf sie wartet – es kommt meinerseits *kein* Neid auf! – sind ausgesprochen nette Basken, vor allem sind auch zwei hübsche Frauen dabei. Auch deshalb verlangsame ich mein Tempo und beschließe, bis *Mansilla* in ihrer Begleitung zu gehen.

Die Zeit bis *Mansilla* vergeht wie im Flug, den monotonen und häßlichen Schotterweg nehme ich gar nicht wahr, ich genieße die sympathische (weibliche!) Gesellschaft. – „Kein Weg ist kürzer als der in guter Gesellschaft", sagt ein schottisches Sprichwort. – Meine Begleiter interessieren sich sehr für meine lange Pilgerfahrt und sind voller Bewunderung für meine Ausdauer und Konsequenz – ich weise dieses Kompliment ohne besonders viel Nachdruck von mir. – Sie bezeichnen mich als „echten" Pilger und sehen sich selbst im Vergleich zu mir nur als Touristen. Wieder die Frage nach der Echtheit! Diesmal widerspreche ich – ich habe dazugelernt – und verweise auf die vielfältigen Zugänge zum Pilgern, die alle ihre Berechtigung haben. Ich gebe zu, die Anwesenheit der Frauen stimmt mich milder. Es ist einfach schön, mit Frauen zusammenzusein! Natürlich habe ich nie vergessen, daß es Frauen gibt, aber in den letzten sieben Wochen haben sie in meinem eigentlich recht „mönchischen" Pilgeralltag keine Rolle gespielt. Es müßte schön sein, diese Erfahrung mit einer Gefährtin zu machen – einen ähnlichen Zugang zum Gehen und Pilgern vorausgesetzt! Denn diese extreme Nähe – wochenlang Tag und Nacht zusammenzusein – muß die Beziehung entweder festigen oder aber so belasten, daß sie zerbricht.

Wie dem auch sei, in Mansilla ist der kurze gemeinsame Ausflug zu Ende, wir verabschieden uns herzlich, Photos werden gemacht, Adressen ausgetauscht, und ich bin wieder der einsame, zielstrebige (= seinem Ziel zustrebende) Pilger. (Das Ritual des Adressentausches bedeutet nur, daß man gerne in Gesellschaft des anderen war, Konsequenzen für Briefträger hat es nur selten.)

Ich freue mich auf *León*, den Sitz der siebten römischen Legion, auf die Basilika des hl. Isidor – dort soll es ein Refugio geben – und besonders auf die „Leonina", die Kathedrale Santa Maria de la Regla, eine der schönsten gotischen Kathedralen Europas, in der die riesigen, bunten Glasflächen die Gesetze der Statik außer Kraft zu setzen scheinen. Und natürlich freue ich mich auf die Dusche im Refugio, den Karsamstagabend-Bummel in der Altstadt und die letzte der großen Büßerprozessionen der Karwoche, an denen anscheinend ganz Spanien in allen größeren Städten, entweder als maskierter Büßer oder als Zuschauer, teilnimmt. *León* hält fast alles, was es verspricht, nur Refugio gibt es keines. Und die Hotels sind natürlich alle voll. Das Refugio in *San Isidro* gibt es schon lange nicht mehr, teilen mir zwei junge Frauen mit, die gerade in die Krypta der Basilika hinuntersteigen, um mit der Gemeinde die Osternacht zu feiern. Ich soll mitmachen, und in der Früh gibt es tolles Frühstück! Das klingt verlockend. So eine Gelegenheit werde ich wahrscheinlich nie mehr bekommen und zu meiner Pilgerfahrt würde es auch ideal passen. Die Osternacht mit einer spanischen Gemeinde zu feiern, wäre für mich als Ausländer sicher ein Privileg. Ich zögere, überlege – und lehne die Einladung dann doch dankend ab. Auch heute habe ich wieder mehr als 50 Kilometer zurückgelegt und bin todmüde. Wie soll ich da eine ganze Nacht wach bleiben und wo soll ich die Kraft für morgen hernehmen? Ich will ja noch bis *Santiago* kommen!

So verlasse ich in der Nacht die Stadt, es ist gräßlich wie immer – Asphalt, Autos, graue Vorstadt, nur durch die gnädige Dunkelheit etwas verhüllt. Das Bedauern darüber, die Einladung abgelehnt zu haben, schwingt noch eine Weile in mir nach. Aber dann finde ich – ist es Glück oder der geschärfte Pilgerinstinkt? – auf einem Hügel außerhalb der Stadt ein Haus im Rohbau, in dessen Windschutz ich mein Nachtlager aufschlagen kann. Eine geborstene Wasserleitung im Inneren versorgt mich sogar mit „fließendem“ Wasser. Es ist eine sternenklare, milde Nacht, der Vollmond taucht alles in sein blaues Licht, und so verbringe ich, nach einem späten, aber mehr als wohlverdienten Nachtmahl und einer in tiefen Zügen genossenen Gute-Nacht-Zigarette, doch noch eine wunderschöne Osternacht!

Ostersonntag, 16. April — *León – Astorga*
Und wieder eine Perle mehr ...

León noch in der Nacht zu verlassen erweist sich im nachhinein als gute Idee. Die schreckliche Vorstadt liegt hinter mir und damit der wahrscheinlich unangenehmste Teil der Etappe, außerdem wurde dadurch das vor mir liegende Wegstück entsprechend kürzer. Die von vielen Pilgern gefürchtete Strecke León–Astorga, 40 Kilometer auf der Nationalstraße (!), kann heute umgangen werden, weil kürzlich eine Variante eröffnet wurde, welche ab *Virgen del Camino* auf Wegen und kleinen, praktisch nicht befahrenen Straßen durch Weiler und Dörfer führt. Sie ist etwas länger, aber die paar Kilometer mehr nehme ich gerne in Kauf.

Dazu führt mich die Variante an „Monseñors“ Haus vorbei, einem Maler, dessen Name von Pilger zu Pilger weitergereicht wird, der mit dem Jakobsweg identifiziert wird und der an der Renaissance der Mystik des Jakobsweges „mitschuldig“ ist. So wie Pablito in *Azqueta,* der Pilger zur Jause einlädt und sie mit einem Pilgerstab ausrüstet. Oder Jorge in *Milaños,* der ebenfalls alle vorbeikommenden Pilger, derer er habhaft werden kann, bewirtet und sie in seinem „Libro de Oro“ verewigt. Oder Doña Maria in *Azofra,* die sich am Abend auf die Suche nach Pilgern macht, denen sie den Weg zur Herberge zeigt. Oder

Pablo Payo in *Villacazar,* der in seinem Wirtshaus immer einen Tisch für Pilger freihält. Oder der Pfarrer von *San Juan Ortega,* der die Pilger jeden Abend mit einer „Sopa de Ajo“ (Knoblauchsuppe) und einem Glas Wein verköstigt.

Bei „Monseñor“ bekommt man immer was zu trinken, manchmal übernachten und essen Pilger auch bei ihm. Ich gebe mich mit einem Liter Wasser zufrieden – es ist heiß! – und mache mich gleich wieder auf die Socken, denn *Astorga* ist noch weit.

Der Jakobsweg ist nicht nur eine, sondern besteht aus mehreren ineinander verflochtenen Perlenketten. Da ist einmal die Kette, deren Perlen aus all den Klöstern, Kirchen, Kapellen und Einsiedeleien bestehen, die zum Verweilen, Besinnen und Kraftschöpfen einladen – seit mehr als tausend Jahren! Plätze der Kraft auf dem Weg der Kraft. Die zweite Kette bilden all die Menschen, die am Weg leben, sich mit ihm identifizieren und ihn durch ihre Gastfreundschaft erst mit Leben erfüllen. Ebenfalls Plätze der Kraft, in jeder Hinsicht, geistig und unmittelbar physisch! Und da gibt es noch meine private, ganz persönliche Perlenkette mit all den Plätzen, an denen ich das Ritual meiner Mittagsrast und Siesta vollziehe. So wie heute am Ufer eines Baches im Schatten einer riesigen Weide.

Meine Laune bleibt auf der Skala weit oben, als ich feststelle, daß auch der Weg von *Hospital de Orbigo* nach *Astorga* großteils – bis auf die letzten vier Kilometer, ein Klacks! – abseits der Straße verläuft, manchmal sogar durch Wälder. Ein Hinweis darauf, daß die Meseta jetzt endgültig hinter mir liegt.

Hospital de Orbigo war als Niederlassung der Johanniter (1184) ein wichtiger Stützpunkt auf dem Jakobsweg, die Steinbogenbrücke aus dem 13. Jahrhundert bringt heute noch die Pilger über den Fluß Orbigo.

Ich bin so früh in *Astorga,* daß ich mich – nachdem ich meinen Rucksack im Refugio deponiert habe – noch als Tourist betätigen kann. Die Stadt, Schnittpunkt von sechs (!) uralten Verkehrsachsen, hatte nach *Burgos* die meisten Pilgerherbergen auf dem Jakobsweg, da hier der Strom der Pilger aus dem

Süden – von Sevilla kommt der „Camino Mozarabe“ – in den „Camino Francés“ mündete. Neben der Kathedrale, 1471 nach dem Vorbild der „Leonina“ errichtet, sind noch der neugotische Bischofspalast von Gaudí und die gut erhaltenen Reste der römischen Stadtmauer einen Besuch wert.

In der Herberge herrscht eine eigenartige Atmosphäre. Eine Gruppe von Franzosen ist gerade mit dem Zug aus Bordeaux angekommen, morgen früh wollen sie mit ihrem Führer aufbrechen. Anscheinend habe ich es mit einer Gruppe zu tun, die sich über ein Reisebüro für diese Trekking-Pilger-Tour gefunden hat. Die Stimmung ist gänzlich anders, als ich sie in den Refugios bisher erlebt habe. Die Gruppe kommuniziert nicht nach außen, und obwohl ich fließend Französisch spreche, gelingt es mir nicht, mehr als äußerst karge Wortspenden aus ihnen herauszulocken. Keine Neugier, keine Fragen, kein Austausch von was auch immer, wie es sonst in den Herbergen üblich ist. Und schon gar nicht das Zusammenschmeißen von Lebensmitteln und das gemeinsame Abendessen, wie ich es auch schon erlebt habe. (Jeder der zwölf hat sogar seinen eigenen Kocher mit!) Ich kann nur hoffen, daß sich das legt, wenn sie erst einmal ein paar Tage zusammen unterwegs sind und in den Geist des Weges hineingewachsen sind.

Am eigenartigsten ist ihr Führer, offensichtlich ein „Profipilger“ – wieder ein neuer Typus! Er spielt den unnahbaren, abgebrühten alten Hasen. Ich kann ihn mir gut als Bergführer in Chamonix vorstellen, am Abend vor dem Aufbruch mit seinen Schützlingen zu einer einwöchigen Hüttentour ums Mont-Blanc-Massiv. Das hat mit Pilgern auch nichts zu tun, es ist sein Job. Wie oft er die „Tour“ wohl schon gemacht hat?

Gott sei Dank treffen später noch zwei spanische „Radpilger“ ein, die auf dem „Camino Mozarabe“ aus Sevilla gekommen sind. Bei ihnen springt der Funke gleich über, wir haben uns eine Menge zu erzählen. Der „Camino“, auch „Via de la Plata“ genannt, soll ganz unberührt und sehr schön sein. Vielleicht ein Projekt für später?

Beim Einschlafen denke ich mir noch, daß heute Ostersonntag war, das wichtigste Fest der Christenheit. Und ich habe ihn gar nicht besonders begangen! Oder sind die 40 Kilometer auf dem Pilgerweg vielleicht doch nicht die schlechteste Methode, Ostern zu feiern?

8. Kapitel

Finale Furioso

Ostermontag, 17. April *Astorga – Manjarín*
„Una luz en el camino"

Heute steigt der Weg bis auf 1500 Meter empor, zum „Cruz de Ferro", einem kleinen eisernen Kreuz an der Spitze eines Pfahles. Für die Pilger, die über *Roncesvalles* und nicht über den *Somport-Paß* gehen, ist es der höchste Punkt auf dem Jakobsweg. Auch ich lege hier, wie schon Millionen von Pilgern seit Jahrhunderten, am Fuß des Pfahles einen Stein nieder. Der Brauch ist mit Sicherheit vorchristlichen Ursprungs – schon die Römer legten Steine zu Füßen des Weggottes Merkur – und soll, ähnlich wie die Federn der Hühner von *Santo Domingo de la Calzada,* eine gesunde Heimkehr erwirken. Es ist beeindruckend, wie sich in dieser unwirtlichen, windumtosten und kargen Höhe plötzlich ein Steinhügel erhebt. Wie viele Pilgerwünsche werden es wohl gewesen sein, die den Hügel Stein für Stein auf etliche Meter haben anwachsen lassen?

Bald nach *Astorga* verließ der Weg die Straße und schlängelte sich sanft steigend auf die *Montes de León*, die Meseta blieb endgültig hinter mir. In den kleinen, manchmal zur Gänze ausgestorbenen Dörfern, die den Weg säumen, reihte sich im Mittelalter Herberge an Herberge, die Etappe war schwierig und bei schlechtem Wetter auch gefährlich, da Wintereinbrüche bis ins späte Frühjahr hinein keine Seltenheit sind. Heute aber ist ein prachtvoller Frühlingstag, Ostern, das Fest des Wiedererstehens des Lebens, lacht mir aus jedem Baum, jedem Ginsterstrauch entgegen, und mein Herz lacht, wie ich mutterseelenalleine durch die einsame Landschaft stapfe und langsam an Höhe gewinne.

Von den Franzosen habe ich mich in der Früh ohne allzu großes Bedauern verabschiedet, sie saßen alle noch beim Frühstück. Die Nacht war kurz und schrecklich, immer wieder wurde ich durch hemmungsloses Schnarchen geweckt, zu zwölft konnten sie sich ja perfekt die ganze Nacht hindurch abwechseln! Heute stehen aber eh „nur" 31 Kilometer auf meinem Marschplan, da werde ich den fehlenden Schlaf nicht so arg spüren.

Das letzte Teilstück des Tages führt mich vom „Cruz de Ferro“ über weitum mit blühendem Heidekraut – Erika, Heimaterinnerungen werden wach! – bedeckte Hänge wieder bergab zum verlassenen Dorf *Manjarín*, wo mich ein Refugio der besonderen Art erwartet. Tomás, ein Aussteiger aus Madrid, hat eines der leerstehenden Häuser einfach besetzt, notdürftig instand gesetzt, ein paar Stockbetten hineingestellt, und schon war das Refugio „Una luz en el camino“ („Ein Licht am Weg“) fertig! Fließendes Wasser gibt es aus einer Quelle hinter dem Haus, und seitdem Tomás auf Betreiben seiner Gegner der Strom abgedreht wurde, spenden eine Gaslampe und Kerzen notdürftig Licht, damit das Refugio überhaupt seinem Namen gerecht werden kann. Tomás bezeichnet sich als ordinierten Priester des Templerordens und damit als einen der wenigen echten und legitimen – und schon wieder die Frage nach der Echtheit! – Hüter des Jakobsweges. Er gehört zu den Verfechtern jener These, derzufolge der Jakobsweg ursprünglich ein heiliger Weg der keltischen Druiden nach Finisterrae an der Atlantikküste gewesen sei. Tatsächlich war Galizien – der Name sagt es schon – von den Keltiberern besiedelt, heute noch findet man zahlreiche Zeugnisse ihrer Kultur, ähnlich wie in der Bretagne.

Die „Entdeckung“ des Jakobsgrabes in 9. Jahrhundert sei demnach nur eine von der Kirche inszenierte – und offensichtlich äußerst erfolgreiche – Christianisierung dieser uralten Tradition gewesen, um der gerade einsetzenden „Reconquista“, der Rückeroberung des islamischen Spaniens durch das Christentum, eine religiöse Rechtfertigung und eine Identifikationsfigur zu geben. Und der Ritterorden der Templer sei der einzige gewesen, der sich auf dieses keltische Erbe berief. Es stimmt, daß die Templer zu Beginn des 14. Jahrhunderts wegen ihrer Kontakte zu den Sufis des Islam, den Kabbalisten des Judentums und den keltischen Druiden der Ketzerei angeklagt und verfolgt wurden. Wer nicht widerrief – und das waren die meisten unter ihnen, vor allem ihre Großmeister –, endete auf dem Scheiterhaufen, der Orden wurde aufgelöst und das beträchtliche Vermögen der Templer auf andere Ritterorden, hauptsächlich die Johanniter, aufgeteilt.

Nun, Tomás droht nicht der Tod auf dem Scheiterhaufen, aber Feinde hat er sich in konservativen katholischen Kreisen, den eifrigen Verfechtern der rein katholischen Wurzeln der Jakobspilgerfahrt, mit seinem Templer- und Keltenrefugio schon gemacht. Sie haben erreicht, daß dem „Licht am Weg" immerhin der Strom abgedreht wurde. Aber Tomás ist stur und gibt nicht auf. Auch ohne Strom ist sein Refugio bekannt und beliebt, vor allem junge Pilger bleiben gerne etwas länger bei ihm, helfen ihm bei der Arbeit und finden manchmal auch zu sich selbst. Tomás ist extrem gastfreundlich und großzügig, mit den oft damit einhergehenden Tendenzen zum Autoritarismus.

Er begrüßt jeden Pilger, sobald er seiner ansichtig wird, mit Glockengebimmel und bewirtet ihn anschließend mit Spaghetti und Rotwein ... und schon ist man mittendrin in einem hitzigen Gespräch über die Kelten, die Templer und die Geschichte des Jakobsweges. Es ist eine helle Freude, mit Tomás zu diskutieren – was ich bis in den späten Abend hinein auch tue.

Man mag von seinen Ideen halten, was man will, aber alleine die Tatsache, daß es in dieser einsamen und unwirtlichen Gegend – im März hatte er noch 50 Zentimeter Neuschnee! – dieses „Licht auf dem Weg" gibt, sollte seine Kritiker milder stimmen. Man darf nicht vergessen, daß der Großteil der Menschen, die heute am Jakobsweg unterwegs sind, ohne besondere Geh- und vor allem Bergerfahrung aufbrechen. Für sie wäre die Etappe von *Rabanal* nach *Molinaseca* (25 Kilometer), vor allem bei Schnee oder Nebel, ohne das Refugio in *Manjarín* lang, schwierig und auch gefährlich.

Es ist spät, als Tomás und ich die Kerzen ausblasen und in unsere Schlafsäcke kriechen. Die frische Gebirgsluft, die gesunde Müdigkeit nach „nur" 31 Bergkilometern und der spanische Rotwein bewirken, daß ich innerhalb kürzester Zeit wie ein Murmeltier – wie sonst am Berg? – schlafe. Nur ein Gedanke schafft es noch, bis in mein Bewußtsein vorzudringen: Das war seit längerem der schönste Tag, ein Tag, an dem der Weg wichtiger war als das Ziel – das Gehen in Gebirge hätte Ajiz sicher gefallen ...

Dienstag, 18. April *Manjarín – Villafranca El Jato*

Nach einer Pilgerwäsche im eiskalten Bach – ich bin der einzige von den Bewohnern des Refugios, der sich diesem Zivilisationsbeweis unterzieht – und einem etwas wärmeren Kaffee mit Tomás stürze ich mich kopfüber und mit einer unbändigen Freude am Gehen in den kühlen, kristallklaren Frühlingsmorgen. Unter meinen Füßen der Bergpfad, der vor mir schon Millionen von Pilgern nach Westen geführt hat, und am Wegrand die Dörfer, die mit dem Jakobsweg entstanden sind und früher alle mindestens ein Hospiz beherbergten. Welche Massen von kranken und geschwächten Pilgern müssen da unterwegs gewesen sein! Heute sind die Orte fast ausgestorben, und nur in *Molinaseca* gibt es wieder ein Refugio.

Am späten Vormittag habe ich – zu meinem großen Bedauern! – die Montes de León schon hinter mir, und es beginnen die Mühen der Ebene. Also wieder einmal Asphalt, Autos und die Sonne, die immer mehr an Kraft gewinnt. *Ponferrada,* die letzte größere Stadt vor Santiago, will auch noch „bezwungen“ werden. Heute noch wird das Stadtbild von der riesigen Templerburg geprägt, die zur Blütezeit des Ritterordens im 13. Jahrhundert dessen größte Befestigung außerhalb von Paris war. Für Templerfreaks und andere Esoteriker ist *Ponferrada* eine sehr wichtige Etappe, ich schaue nur, daß ich so rasch wie möglich die Stadt und die acht Kilometer der hochfrequentierten Ausfallstraße hinter mich bringe. Die gute Laune des Vormittags in den Bergen verfliegt genauso schnell, wie die frische Bergluft dem stickigen Smog der Stadt weichen muß. Nur der Wille, das Ziel zu erreichen, läßt mich weiterstapfen, der Weg wird zur häßlichen, heißen und stinkenden Pflicht. Ich glaube, so nahe wie heute waren Licht- und Schattenseiten des Weges noch nie beieinander!

Der Windstoß der viel zu nahe – und zu schnell – an mir vorbeifahrenden Laster droht mir jedesmal den Hut vom Kopf zu reißen, und ich fühle mich entsetzlich fremd, alleine und ausgesetzt.

Aber auch die Lastwagen fahren vorüber und machen wieder dem Licht Platz, das aus dem weitgeöffneten Tor eines Weingutes in *Cacabelos* herauslacht. Ich bin im *Bierzo*, einem für seine exzellenten Weine bekannten Gebiet! Neben dem Tor hängt ein großes Schild, auf dem alle vorbeiziehenden Pilger herzlich zum Eintritt aufgefordert werden, um auf Kosten des Hauses Wein und Empanadas (gefüllte Teigtaschen) zu genießen. Das lasse ich mir nicht zweimal sagen, und die nächste halbe Stunde verbringe ich in der äußerst charmanten Gesellschaft von Elena, der hübschen Juniorchefin, die mir Wein und Empanadas serviert und anscheinend gerade Zeit hat. Oder bin ich so interessant und attraktiv – ich lege mich jedenfalls mächtig ins Zeug! –, daß sie ihre zweifellos vorhandenen Pflichten für eine Weile vergißt? Wie auch immer, die unverhoffte Rast wirkt auf mich – vor allem durch die Gegenwart der hübschen Spanierin, der Wein alleine ist es sicher nicht! – wie Wasser auf trockenes Moos.

Physisch und psychisch gestärkt sind die letzten Kilometer bis *Villafranca del Bierzo* kein Problem mehr, außerdem verläuft der Pilgerweg wieder abseits der Straße durch die Weinfelder. So kostet es mich auch überhaupt keine Überwindung, knapp vor der Ortschaft das Angebot eines Mannes, mich in seinem Auto bis zur Herberge mitzunehmen, höflich, aber bestimmt abzulehnen. Wenig später entpuppt sich der Herr als der berühmte Jato, der Wirt des Refugios „Ave Fenix“. 1987 war die damalige Herberge einem Brand zum Opfer gefallen, und er hat sie in einem alten Gewächshaus wieder aufgebaut – deshalb Ave Fenix. Der „Vogel Phönix“ befindet sich unmittelbar neben der kleinen Santiagokirche aus dem 12. Jahrhundert mit ihrer berühmten romanischen Gnadenpforte, der Puerta del Perdón. Hier konnten schwerkranke Pilger, die es nicht mehr bis Santiago schafften, ersatzweise den Sündennachlaß erlangen, was sonst nur bei Erreichen des Apostelgrabes gewährt wurde.

Der Abend bei Jato verläuft sehr interessant. Seine Frau bietet für ein Spottgeld ein großartiges Menü an, da sage ich nicht nein, mein Proviant bleibt im Rucksack. Am Tisch sitzen außer mir noch drei spanische Radpilger, ein Holländer, der „gegen den Strom schwimmt" – er geht den Weg von West nach Osten! –, ein blutjunger spanischer Landstreicher, der die Vorteile des Pilgerdaseins entdeckt hat – am Pilgerweg ist er Pilger und kein Landstreicher –, und zu meiner großen Freude auch mein alter Freund Juan aus Venezuela. Habe ich also doch noch einen von der „alten Garde" aus *Puente la Reina* eingeholt, trotz aller Verzögerungen!

Es ist fein, sich an den gedeckten Tisch zu setzen, eigentlich zum ersten Mal in Spanien, und mit anderen Pilgern gemeinsam zuzulangen. Auch wenn Jato fast ausschließlich alleine das Wort führt. Ex-Priester, Dichter, Spinner, Handaufleger, autoritär, aber großherzig und gastfreundlich, voll von christlicher und mystischer Süße. Licht, Harmonie und Liebe sind seine Lieblingsworte. Zum Höhepunkt des Abends bereitet er uns eine „Queimada", eine Art Feuerzangenbowle auf der Basis von Zuckerrohrschnaps, die er uns begleitet von magischen Zauberformeln in einer fremden Sprache serviert. Na ja. Schön exotisch, aber meine Sache nicht. Ich merke, daß sich auf dem Jakobsweg ganz schön viele Zeitgenossen aus der mystisch-esoterischen Ecke tummeln. Da ist Jato nicht der einzige, vielleicht aber der geschäftstüchtigste. Neben dem Restaurantbetrieb – für die Übernachtung in einer Gewächshauskoje verlangt er Gott sei Dank nichts – bietet er gegen Bezahlung den Transport der Rucksäcke auf den *Cebreiro* an, weil der Weg dorthin so steil und schwierig sei. Wieder „na ja" meinerseits. Aber wie gesagt, Kommerz und Esoterik führen eine harmonische Ehe, und der Jakobsweg mit seinen Wundern, Legenden, Kelten und Templern ist dafür die ideale Spielwiese.

Mittwoch, 19. April *Villafranca – Alto do Poio*
Galizien!

Juan und ich stehen als erste auf – wir sind eben Weitpilger mit dem schon veränderten Lebensrhythmus –, frühstücken gemeinsam mit Jato und brechen auch gemeinsam auf. Jatos Rucksacktaxi lehnen wir natürlich ab, Tips, den Weg betreffend, bekommen wir von ihm aber gratis. (Jetzt bin ich bös', ich weiß!) Nach einer eingehenden Musterung von uns beiden nebst unseren Rucksäcken erklärt er mich für geeignet, die schwierige Bergvariante nach *Trabadelo* zu wagen, während er Juan rät, doch auf dem leichteren Weg im Tal – der Straße entlang – zu bleiben.

Die schwierige Bergvariante stellt sich als wunderschöner Wanderweg heraus, der mich zuerst über ginsterübersäte Hänge und dann durch lichte, helle Kastanienhaine führt. Die Schwierigkeiten weichen mir anscheinend aus, denn im Handumdrehen bin ich in *Trabadelo,* wo gerade Juan gemächlich auf der Straße daherstapft – der Abschied nach dem Frühstück war also doch nicht der letzte.

Als es zu regnen beginnt, gebe ich Gas und verspreche Juan, nach einem trockenen Unterstand Ausschau zu halten und dort auf ihn zu warten. Juan ist ganz gerührt, wie ich ihn – triefend naß und müde – von der Straße in die trockene Scheune hereinwinke und mit einem heißen Kaffee empfange! – Ich leiste mir ja den Luxus eines kleinen Gaskochers, der sich jetzt wieder einmal bezahlt macht.

Nach der Mittagspause wird der Weg steiler, das Wetter noch unfreundlicher und der Regen zu Schnee. Auf dem Aufstieg zum *Cebreiro* bleibt Juan hinter mir, mit seinen über 60 Jahren ist er doch langsamer unterwegs, dafür überholen mich drei junge spanische Radpilger. Erschöpft, bis auf die Haut durchnäßt und unterkühlt, fragen sie mich, wie weit es noch bis *Cebreiro* ist (das Dorf und der Bergrücken tragen den gleichen Namen), und kämpfen sich mühsam, kaum schneller als ich, die letzten zwei Kilometer gegen Schnee und Sturmwind weiter.

Am *Cebreiro* beginnt Galizien, deshalb regnet bzw. schneit es ja auch. Das gehört zu dieser dem Atlantik zugewandten Region wie zu Irland. Der *Cebreiro* wird auch der galizische Gralsberg genannt, weil sich in seiner schlichten vorromanischen Kirche ein berühmtes Hostienwunder zugetragen haben soll. Vor den Augen eines im Glauben schon ziemlich lau gewordenen Paters des Cebreiro-Klosters wurden während der Wandlung die Hostie zu Fleisch und der Wein im Kelch zu Blut.

Es ist früher Nachmittag, ich gehe noch ein Stück weiter. Was sollte ich bei dem entsetzlichen Wetter auch anderes tun? Es gibt zwar eine Pilgerherberge in *Cebreiro,* noch dazu in einer „Palloza“, der strohgedeckten Rundhütte der keltiberischen Ureinwohner Galiziens, aber ich will weiter, es sind noch 150 Kilometer bis Santiago! Juan werde ich nicht mehr sehen, das tut mir ehrlich leid, also war es doch gut, daß wir uns schon in *Villafranca* umarmt haben.

Das Wetter klart etwas auf, der Pfad am Kamm des *Cebreiro* entlang beschert mir am Ende des Tages noch ein Wandererlebnis erster Güte. Nebelfetzen, die vom Wind immer wieder über den Kamm gejagt werden, hin und wieder dicke, nasse Schneeflocken, die mir ins Gesicht klatschen, die karge Gebirgslandschaft, Felsen, Büsche, Weideland, und die absolute Einsamkeit, die mich umgibt, lassen mich zum Pilger einer Zeit werden, in der die Überquerung des *Cebreiro* ein gefährliches Abenteuer war. Verstärkt wird dieses fast unwirkliche, aber sehr intensive Erleben durch die Begegnung mit einem schweigsamen Hirten. Eine offenstehende, leere Schäferhütte am Wegrand lädt mich zu einer kurzen Rast ein, die Kälte, die Nässe und die Müdigkeit sind doch schon fast bis zu meinen Knochen durchgedrungen. Ich bin gerade dabei, mir mit klammen Fingern eine Zigarette zu drehen, was verdammt schwierig ist, als ein Schatten die Türöffnung verdunkelt. Es ist ein alter Mann, ärmlich gekleidet, der sich wortlos auf einen Stein mir gegenüber setzt. Meine Zigarette nimmt er gerne an, dafür revanchiert er sich mit einem Schluck aus seinem Flachmann. Er spricht kaum Spanisch, aber das Wesentliche ist ja bereits durch unsere Gesten gesagt worden. Auf meine Frage, warum die Frau in *Hospital de Condesa* – vor einer halben Stunde habe ich den Ort durchquert – das Refugio nicht aufsperren wollte und mich einfach weiterschickte, was mich natürlich ziemlich frustrierte, sagt er, sie sei bekannt dafür, daß sie die Pilger nicht besonders möge. Aber in *Alto do Poio* gäbe es ein Gasthaus, das früher als Refugio gedient habe, dort könne ich sicher übernachten.

Und so ist es auch. Ein vollkommen leeres, aber sauberes Zimmer mit Holzboden ist für meine erste Nacht in Galizien mein Koch-, Eß- und Schlafplatz in einem. Kurz vor Einbruch der Dunkelheit sehe ich draußen auf der Straße einen der drei Radler, die mich überholt haben, wie er alleine, durchfroren und ratlos in seinem Wegführer blättert. Habe ich sie also wieder überholt. Sie mußten sicher länger in *Cebreiro* Rast machen, um sich aufzuwärmen. Er hat seine Freunde bei einer Abzweigung aus den Augen verloren und weiß jetzt nicht, ob sie zum *Kloster Samos* oder direkt nach *Triacastela* abgefahren sind.

Leider kann ich ihm nicht helfen und wünsche ihm von ganzem Herzen, daß er seine Kameraden wiederfinden möge. Mir ist etwas Ähnliches vor Jahren bei einer Fahrt durch die Wüste von Arizona passiert, und ich kann ihm deshalb gut nachfühlen, wie verzweifelt er ist.

Wir waren damals zu zweit mit zwei Autos unterwegs, ich war nach zwei Jahren Entwicklungshilfe in Mexico auf der Reise nach Alaska, während mein Freund Wolfgang wieder in sein Projekt nach Guadalajara zurückfahren mußte. Deshalb zwei Autos. Auf Grund beiderseitiger Unachtsamkeit verloren wir uns aus den Augen und trafen uns erst nach einem Jahr (!) wieder in Österreich. Eines habe ich aus dieser ganz beschissenen Erfahrung gelernt: immer einen Treffpunkt zu vereinbaren, an dem man aufeinander wartet, sollte man sich verlieren!

Ich beschließe diesen ersten, kalten, aber schönen galizischen Tag standesgemäß – der Hirte hat mich auf den Geschmack gebracht – mit einem heimischen, höllisch scharfen Aguardiente in der Bar des Gasthauses. Noch drei Tage bis Santiago!

Samstag, 22. April, abends in Monte del Gozo Die letzte Nacht als Pilger

Ich sitze in einer der 168 Pilgerzellen – vier Stockbetten auf drei mal vier Metern – im letzten „Refugio“, in *Monte del Gozo,* fünf Kilometer vor Santiago.

In Erwartung eines Pilgeransturmes nie dagewesenen Ausmaßes hat die galizische Regionalregierung dieses Auffanglager mit einer Kapazität von über 1200 Betten im Jahr 1993 am „Berg der Freude“ errichten lassen. Berg der Freude, weil die Pilger von der Spitze des Hügels nach ihrer oft jahrelangen, entbehrungsreichen Fahrt zum ersten Mal die Türme der Kathedrale von Santiago erblickten und daraufhin die letzten Kilometer voller Freude laufend hinter sich brachten. 1993 war ein heiliges Jakobsjahr, da der 25. Juli, der Jakobitag, auf einen Sonntag fiel. Zu diesem Anlaß kam auch der Papst nach Santiago (mit dem Flugzeug) und mit ihm die Massen, für welche die zwölf Baracken mit jeweils 112 Betten errichtet wurden. Jegliche Pilgerromantik muß da von einem abfallen, aber vielleicht ist das beabsichtigt, sozusagen als Vorbereitung auf die Zeit „danach“?

Morgen komme ich ans Ziel, und dann beginnt mein Leben als Ex-Pilger, darauf kann ich mich ruhig jetzt schon vorbereiten. Gott sei Dank habe ich das riesige Areal fast für mich alleine. Ich will mir gar nicht vorstellen, wie ich mich nach zwei Monaten der Einsamkeit unter tausend Pilgern fühlen würde! Außer mir sind heute nur zwei weitere Pilger im Refugio, und es sind zu meiner Überraschung und auch Freude Alex und Eugenia mit ihren Mountainbikes, die ich zuletzt in *Burgos* getroffen hatte. Somit schließt sich auch der Kreis der Begegnungen auf dem Camino, Alpha trifft Omega. Sie waren die ersten Pilger, die ich traf, und sie sind auch die letzten.

Ich habe es tatsächlich in drei Tagen von *Alto do Poio* bis hierher geschafft – 140 Kilometer! –, aber Galizien hat es mir nicht leichtgemacht, besser gesagt, es hat für mich sein klassisches Wetterprogramm abgespielt: Kälte, Regen, Graupeln,

Schnee – was mir lieber ist als Regen, weil er weniger naß ist –, Wind und in den Regenpausen etwas Sonne. Es heißt nicht umsonst, daß es in Galizien mehrmals am Tag schön ist! Für mich bedeutete das ein Wechselbad, warm – kalt, Zeug an – Zeug aus. Die Landschaft war anfangs gebirgig, dann hügelig, ein stetes Auf und Ab. Grün, viel Wasser – von unten und von oben. Das ganze Land ist durch Steinmauern unterteilt, hier hat die „Parcelaria", die Grundzusammenlegung, noch nicht zugeschlagen, wie in *Rioja* und *Kastilien*, wodurch große Stücke des historischen Jakobsweges verschwunden sind. Für die, deren Pilgerfahrt erst südlich oder westlich von *Pamplona* beginnt, ist dies wirklich der schönste Teil des Jakobsweges, weil er noch zum größten Teil intakt ist und weder Straßen oder Autobahnen noch große Städte alles zerstört haben. Aber die Leute sind verschlossen, fast unfreundlich. Nach einem Jahrtausend Pilgerei hat man vielleicht wirklich die Nase voll. Alles wirkt drekkig, verwahrlost, jedes Dorf stinkt nicht nur erbärmlich nach Silofutter und Mist – wobei der anscheinend nie weggeräumt wird –, es wimmelt auch von wilden Mülldeponien, wo sogar Sperr- und Sondermüll fröhlich die Landschaft verunzieren: Autowracks, leere Öl- und Benzinkanister, leere Behälter für Spritz-, Dünge- und Insektenvertilgungsmittel – die reine Chemiebombe! Eigentlich grausig. Die Armut kann es nicht sein, ich sah auch relativ viele neue Autos und auch Häuser.

Was ich hier sah, beobachtet man häufig in Regionen, in denen der Fortschritt, der Reichtum, mit dem Füllhorn ausgegossen wird, sozusagen von oben kommt (Europäische Gemeinschaft!) und nicht Ergebnis eines organischen, langsamen Wachsens von unten ist – und deshalb nur halb verdaut wird. Der Rest wird in die Dörfer und Felder gespien und geschissen, sprichwörtlich!

Ich kam durch *Sarria*, Verkehrsknotenpunkt und Marktzentrum seit über 2000 Jahren, heute wahrscheinlich der Ort, von dem aus die meisten ihre Pilgerfahrt nach Santiago beginnen, weil es von Sarria knapp über 100 Kilometer bis Santiago sind, was ausreicht, um die „Compostela" zu erwerben. Beim

Gedanken daran, daß Menschen hier aufbrechen, während ich schon 1500 Kilometer hinter mir habe, konnte ich mich eines – unchristlichen – Gefühls des Stolzes und der Überheblichkeit nicht erwehren. Aber kein Pilger bekam es je zu spüren, denn den ganzen Tag über war ich keinem einzigen begegnet, das erste Mal seit Tagen.

In *Ferreiros* hatte ich ein schönes neues Refugio für mich alleine – heißes Wasser zum Duschen, einen Herd zum Kochen, einen geheizten Schlafsaal und einen Aufenthaltsraum. Es fehlte nur das Glas Whisky und das prasselnde Feuer am offenen Kamin, um die romantische und heimelige Stimmung zu vervollständigen.

In Galizien ist der Jakobsweg wirklich eine Institution – und wahrscheinlich auch ein wichtiger Wirtschaftsfaktor. Dementsprechend investiert die Xunta (Regierung) der autonomen Region Galizien auch in die Pilgerinfrastruktur.

Bei strömendem Regen und auf trotz des Regens traumhaft schönen Wegen erreichte ich *Portomarín,* das versunkene Städtchen, das in den sechziger Jahren einem Stausee zum Opfer gefallen war. Die romanische Kirchenburg des mächtigen Ritterordens der Johanniter wurde Stein für Stein abgetragen und 50 Meter höher im Trockenen wieder aufgebaut. Nur bei Wassertiefstand taucht der Steinbogen der Miño-Brücke (12. Jahrhundert) aus dem Wasser auf.

In *Palas do Rei* begegnete ich wieder „alten" Freunden, den drei jungen Radpilgern, die sich also doch wiedergefunden hatten. Ich mußte an die Geschichte vom Hasen und vom Igel denken, als ich sie traf – ein Fußgänger, genauso schnell wie ein Mountainbiker! Das entsetzliche Wetter machte ihnen sehr zu schaffen, viel mehr als mir, immer wieder mußten sie haltmachen, unterschlüpfen, sich aufwärmen. So saßen sie auch gerade in einem Restaurant mit einem Teller heißer Gemüsesuppe am offenen Kamin, als sie mich vorübergehen sahen und einer mir nachlief, um mich ins Warme zu holen.

Im Refugio von *Melide* feierte ich mit João, einem meiner drei Brasilianer, Wiedersehen – und den 76. Geburtstag meines

Vaters. João hatte seit *Logroño* nichts mehr von Eugenia und Alex gehört, die sich ja für Mountainbikes und den eher touristischen Aspekt des Jakobsweges entschieden hatten. Er war tapfer alleine weiter zu Fuß gegangen, in den letzten Tagen aber langsamer als gewohnt, da er sich dem Tempo einer Gruppe von drei hübschen Baskinnen angepaßt hatte. Er hat sich nämlich in Ana verliebt, wodurch die Prioritäten gewaltig verschoben wurden.

In *Melide* traf ich außerdem eine belgische Schulklasse, die in Begleitung ihres Lehrers Yves eine einwöchige Pilgerfahrt für den Frieden machte – toll! Mit ihnen vier Schüler, die gläubige Moslems sind. Sie erklärten mir, daß der Apostel Jakobus in ihrer Religion – wie übrigens alle zwölf Apostel – als Prophet verehrt werde, und sie überhaupt kein Problem damit hätten, zum Grab eines christlichen Heiligen zu pilgern. Ich war beeindruckt von diesem faszinierenden Projekt und verbrachte einen unvergeßlichen Abend, bereichert und animiert durch anregenden Weinkonsum und angeregte Gespräche mit Yves, seinem Begleiter Eric, einem bekennenden Atheisten, João und den drei Baskinnen.

Der heutige – letzte! – Tag meiner Pilgerfahrt war eine einzige, die letzte große Prüfung vor dem Ziel: ununterbrochen strömender Regen bei eiskaltem Wetter! Kein Blick links, kein Blick rechts, nur auf die vor Nässe quietschenden Schuhe, mechanisches Setzen der Schritte – und Dauerfluchen. Die Siesta entfiel, da weit und breit kein trockener Flecken und kein Gebäude zum Unterschlüpfen in Sicht war (die Refugios in Galizien öffnen erst um 17 Uhr). „Krönender" Abschluß des Tages waren dann noch der Marsch entlang der Landepiste des Flughafens von Santiago – wieder eine neue Erfahrung! –, welcher der historische Pilgerweg zum Opfer gefallen war, und der Riesenfrust, der mich bis zum „Berg der Freude" begleitete. Der Kilometerstein mit der Ziffer 0, der ja signalisieren müßte, daß ich angekommen bin, steht mitten in der Pampa, vom *Monte del Gozo* keine Spur, ganz zu schweigen von *Santiago* selbst. Da muß sich jemand gewaltig vermessen haben!

An diesem Tag beschäftigte mich nur ein Gedanke, von beschaulicher Meditation keine Rede: *Ich möchte endlich ankommen, ich habe genug!*

Sonntag, 23. April — *Santiago*
Am Ziel – oder erst am Anfang?

Die letzten Stunden meiner Pilgerfahrt brechen an. Seit jeher waren Verrichtungen, wenn ich sie bewußt zum letzten Mal tat, etwas Besonderes für mich. Diesmal, wo eine Reise zu Ende geht, die ich sicher mein Leben lang nicht vergessen werde, die vielleicht sogar zu den wichtigsten Weichenstellungen in meinem Leben gehört, ist es fast, als täte ich alles in Zeitlupe – und ich will es auch so.

Teewasser aufstellen, mein karges Pilgerfrühstück zu mir nehmen, alleine in dieser Baracke, die 112 Personen faßt; das Geschirr verstauen, die Zähne putzen (geduscht habe ich schon gestern abend), den Schlafsack zusammenrollen, den Rucksack packen, die Schuhe anziehen. Ich nehme Abschied von all den kleinen Verrichtungen, die während der letzten zwei Monate mein Dasein ausgemacht haben. Als ich den Monte del Gozo – ihn werde ich sicher nicht vermissen! – verlasse, schlafen meine brasilianischen Freunde noch, ich werde sie sicher später am Tag in der Stadt wiedersehen. Alleine nehme ich die letzten fünf Kilometer hinunter in die Stadt in Angriff. Meine Rechnung geht auf, fast kein Mensch ist an diesem sonnigen Frühlingssonntagmorgen auf der Straße, und ich kann die letzte Stunde, die letzten Schritte zur Kathedrale, alleine und in Stille zurücklegen. Euphorie wäre das falsche Wort, um meine Gefühle zu beschreiben. Eher ist es eine tiefe Zufriedenheit, die ich empfinde – und auch Stolz, es geschafft zu haben. Auch beim Anblick der Kathedrale und des riesigen, menschenleeren Platzes vor ihr macht mein Herz keinen Sprung, kein Jubelschrei löst sich von meinen Lippen, keine Tränen der Emotion treten mir in die Augen, ich küsse auch nicht den Boden. Aber ich genieße den Moment des Ankommens, indem ich eine ganze Weile dastehe, auf meinen Stab gestützt, und die Kathedrale betrachte. Jetzt bin ich also da! Überrascht stelle ich fest, daß sich auch Trauer in meine Zufriedenheit und meine Freude mischt. Das Ziel ist auch das Ende dieser Reise, es heißt Abschied nehmen vom Pilgerleben!

In dieser verwirrenden Mischung von widersprüchlichen Gefühlen betrete ich die Kathedrale, in der sich nur wenige Menschen befinden, ganz wie ich es mir gewünscht habe. Am *Portico de la Gloria* lege ich meine Hand an die Marmorsäule und deponiere meine Wünsche in den fünf tiefen Löchern, die die Finger von Millionen von Pilgern vor mir in den Marmor gegraben haben. Wie viele Hände mögen es wohl gewesen sein, die zustande gebracht haben, was man nicht für möglich halten würde? Der Anblick der Vertiefungen im so unüberwindlich scheinenden Stein stimmt mich optimistisch, zeigen sie mir doch, was Menschen schaffen können, wenn sie gemeinsam für ein gemeinsames Ziel handeln – und Geduld haben über Jahrhunderte.

An der Rückseite des Portico lege ich meine Stirn an die marmorne Stirn von Don Mateo, dem Erbauer der Kathedrale. Seine Weisheit soll so auf mich übergehen. Nach diesen beiden Ritualen, denen sich jeder Pilger unterzieht, setze ich mich auf eine Kirchenbank, um einige Minuten zu danken und zu beten, Rucksack, Stock und Hut liegen neben mir. Ich höre, wie sich hinter mir die Kathedrale langsam mit Besuchern füllt, achte aber nicht weiter darauf, bis jemand leicht meine Schulter berührt. Als ich aufblicke, sehe ich eine ältere Dame, offenkundig eine Touristin, die mich schüchtern, in holprigem Spanisch, fragt, ob sie vielleicht ein Photo von mir machen dürfe. Ich lasse sie gewähren und weiß jetzt, daß ich wirklich angekommen bin, daß die Zeit des Pilgerns vorüber ist. Ich werde zum Photoobjekt!

Nach dem Besuch des Jakobsgrabmals in der Krypta und nachdem ich noch die Statue des Apostels über dem Hochaltar umarmt habe – das letzte der jahrhundertealten Pilgerrituale –,

trete ich aus der Kathedrale wieder auf die riesige *Plaza del Obradoiro* hinaus, auf der es mittlerweile von Menschen wimmelt. Wie gut, daß ich so früh heruntergekommen bin! Nun folgt der obligate Besuch im Pilgersekretariat, wo die Pilger – nach Verifizierung der zurückgelegten Distanz mittels der Stempel im Pilgerpaß – ihre „Compostela" ausgehändigt bekommen. Wieder spüre ich, wie ein Teil meiner Pilgeridentität von mir abbröckelt: Der Empfang im Büro ist kühl, distanziert, bürokratisch und geschäftsmäßig. Kein Lächeln, kein Wort des Willkommens oder der Anerkennung. Ich sag's dem Typen auch, daß ich von dem Empfang maßlos enttäuscht bin. Er scheint es sich zu Herzen zu nehmen, denn die nächsten Pilger erzählen mir, daß er bemüht freundlich zu ihnen war.

Später treffe ich Yves, der inzwischen mit seiner Klasse eingetroffen ist. Und was er mir erzählt, läßt mich schwer am Geist der Toleranz und Offenheit zweifeln, mit dem ich den Jakobsweg in den letzten beiden Monaten in Verbindung gebracht hatte: Seinem Begleiter Eric und den vier Moslems aus seiner Klasse wurde die Verleihung der „Compostela" verwehrt, weil sie nicht katholisch sind!

Von der „Compostela" mache ich eine Photokopie für das „Hostal de los Reyes Catolicos", früher Hospiz, heute Vier-Sterne-Hotel, auf der Plaza del Obradoiro vor der Kathedrale. Ein altes Privileg gewährt heute noch „echten" (also doch!) Pilgern, also jenen, die eine „Compostela" vorweisen können, drei Tage lang Gratisverpflegung – früh, mittags und abends – soferne sie sich unter den ersten zehn Pilgern befinden, die sich jeweils um 9, 12 und 19 Uhr vor dem Hotel einfinden. Ich kann mir das Gerangel um die „Startplätze" gut vorstellen, wenn Hunderte von Pilgern in die Stadt strömen, was in der Hochsaison sicher oft der Fall ist. In den zwei Tagen, in denen ich dieses Privileg genieße, sind wir jedoch höchstens zu acht. Man ißt auch nicht à la carte, sondern kriegt das Pilger- und kein Haubenmenü in einem weißgekachelten Raum in der Nähe der Küche serviert. Der Rahmen ist alles andere als schön und erhebend, aber alleine die Tatsache, gemeinsam mit Menschen, die das gleiche Ziel hatten und auch erreichten, die wichtige Tätigkeit des Essens zu zelebrieren, verleiht dem Ganzen doch etwas Besonderes. Wir, das sind die drei Brasilianer, die sich voller Freude wiedergefunden haben, die drei Baskinnen, eine österreichische (die erste und einzige!) Pilgerin und ich, haben jedenfalls viel Spaß miteinander und genießen die gemeinsamen Mahlzeiten sehr.

Jeden Tag um 12 Uhr ist es Zeit für die Pilgermesse, zu deren Ende immer die Pilger begrüßt werden, die an dem Tag angekommen sind. Nach der Messe kommen freudestrahlend die – meine! – drei Mountainbiker auf mich zu und umarmen mich – Hase und Igel sind wieder vereint! Sie sind seit gestern abend da und haben über die Pilgerbegrüßung mitbekommen, daß auch „el peregrino de Austria" es geschafft hat.

Draußen vor der Kathedrale herrscht der klassische Touristenrummel, langsam schleicht Traurigkeit in mich. Ich spüre, wie ohne mein Wollen oder gar Zutun der Pilger in mir immer blasser wird und dem Touristen Platz macht. Um mich zumindest noch äußerlich von den „anderen" zu unterscheiden, lege ich Hut, Stock und Rucksack nicht ab. An den Blikken, die mir die Menschen zuwerfen, bemerke ich auch, daß sie mich sehr wohl als Pilger identifizieren.

Jetzt, wo alle Rituale zelebriert sind, widme ich mich der Besichtigung der wunderschönen Stadt – als Pilger oder schon als Tourist? –, verschicke Ansichtskarten an alle, die mir in den letzten zwei Monaten ihre Gastfreundschaft gewährt haben, und erkundige mich schon nach den Zugfahrplänen für die Rückreise. Ich werde, das ist jetzt schon klar, die drei Tage Gratisessen nicht in Anspruch nehmen, sondern die Stadt vorher verlassen – noch ehe der Pilger in mir gänzlich verschwindet. Ich möchte ein Stück dieser Identität mitnehmen und sehen, was ich daraus machen kann. Was ich auf dem Weg erlebt und gelernt habe, soll auf keinen Fall zur Erinnerung verblassen. Die Langsamkeit, die Tiefe, die Intensität des Erlebens, das Erlernen des Wesentlichen, die Begegnungen, die Gastfreundschaft – „Tu dasselbe!" –, all das möchte ich in mein Leben als ehemaliger Pilger einbauen. Also doch kein Ende, sondern erst der Anfang!

Und ich freue mich auf Ajiz ...

P.S.: Wir schreiben mittlerweile Feber 2002. Es ist also schon sieben Jahre her, daß ich mit meinem treuen vierbeinigen Freund Ajiz nach Santiago (wohin sonst?) aufgebrochen bin. Ajiz hat seine schwere Krankheit gut überstanden und mich seither auf tausenden Kilometern Pilgerwege in Europa (Österreich, Schweiz, Slowenien, Südtirol, Bretagne, Südfrankreich) begleitet – und einen wesentlichen Beitrag zum Entstehen weiterer Bücher über die Wege nach Santiago de Compostela geleistet. Im März 2002 wird er zwölf! Ich möchte ihm einen schönen und würdigen Lebensabend bereiten ...